曾经渝商

申平之 ◎ 著

重庆出版集团 重庆出版社

图书在版编目（CIP）数据

曾经渝商 / 申平之著. -- 重庆：重庆出版社，2025. 5. -- ISBN 978-7-229-19983-8

Ⅰ. K825.38

中国国家版本馆CIP数据核字第2025GK9718号

曾经渝商
CENGJING YUSHANG

申平之 著

责任编辑：吴　昊
责任校对：刘小燕
装帧设计：梁　俭

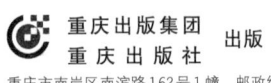

重庆出版集团
重庆出版社　出版

重庆市南岸区南滨路162号1幢　邮政编码：400061　http://www.cqph.com
重庆天旭印务有限责任公司印刷
重庆出版集团图书发行有限公司发行
邮购电话：023-61520646
全国新华书店经销

开本：890mm×1240mm　1/32　印张：8.875　字数：180千
2025年5月第1版　2025年5月第1次印刷
ISBN 978-7-229-19983-8
定价：59.00元

如有印装质量问题，请向本集团图书发行有限公司调换：023-61520678

版权所有　侵权必究

前言

那些年
重庆曾有的高贵与底线

20世纪前半叶，世事纷乱，中国处在"三千年未有之大变局"中。在乱世，人活着就是一件不小的成就。但却有一些人在此背景下创业成功，为国家进步奉献良多。史书上大多将其概括为民族资产阶级。

考察这个群体的身世，或许能给当今国人的创业奋斗以借鉴。笔者尤其认为，那个时代重庆的创业案例最有特点，于是在数十个生动的商海故事里，精心选择了七位代表。这七位中，三人是继承祖业，四人是白手起家。他们涉及商贸、金融、交通、投资、外贸、工矿和文化产业等领域。

卢作孚是这七位中声名最大的，可即使如此，在他创建的北碚图书馆里也很难找到几本介绍他的传记，记述其他杰出渝商事迹的出版物更是少之又少。别有意味的是，馆里却存有十多种上海滩"红人"杜月笙的传记书籍。

熙攘的书市中，显著位置的书架上摆放着大量介绍当世中外企业家的著作，说明了某种倾向。只可惜，这些风云人物的命运还很难盖棺定论。尚且不论各种版本在捉刀客和传主"勾兑"后作了多少有意无意的修饰和渲染，眼见得近些年来众多企业家跌宕惊险的历程，笔者本人也不由心生疑虑和恍惚。

但本书中的七位渝商均已呈现清晰完整的人生答卷。读者们可以通过了解他们创业、成功、面对变局的整个历程，看看那个极其动荡的年代里，人性在金钱财富面前所经受的各种考验，从而对这个民族曾有的某些特质有所体味。

本书不想对任何一个传主的命运记录做润饰，也无意给读者什么人生的前行建议，唯一想做的是借助七个渝商用生命写就的案例，对当世有兴趣经商创业的人们有所启迪。

相信，通过审视他们在极其动荡的变局中，如何面对财富的涨跌、如何维系底线、如何保有高贵灵魂，进而抉择人生走向，您一定会感觉受益匪浅。

目录

前言 那些年重庆曾有的高贵与底线

刘子如
不负慈善不负国　　　　　001
缝纫机是那时家庭的大件，这位靠售卖缝纫机致富的綦江孤儿，为何将全部家产捐作慈善，并以七旬之躯奔赴抗日前线？

卢作孚
"我对事业负有责任"　　　　049
他声名卓著，广受敬重，立德立功立言均臻化境，惜乎英年早逝；且看他人生最后的几天旅程，应该能悟到许多。

杨粲三
无法完成的家族使命　　　　093
杨家创办的聚兴诚银行位居川帮六大银行之首，粲三身负家族传承重责，可不管他多么在乎父亲的嘱托，终归无法躲过命运的洗礼。

康心如

诚信的极致　　　　　　　131

那么艰辛颠簸的岁月，致富难，当大官更难，可这位左右逢源的成功人士，却更看重自己的底线：终生诚信。

古耕虞

三代基业奉祖国　　　　　　169

有何等胸襟才会将三代祖业全部奉送国家？这位商界"大王"用百年生涯告诉今人处世秘诀。

任宗德

青年实业家的初心　　　　　　201

靠有限的化工知识赚取巨额财富的青年实业家，何以与中国电影史上最辉煌的"昆仑"一页交集，当浮华不再、千金散尽，淡泊终老时，他为何能"心宽"呢？

刘航琛

绝世奇才的归途　　　　　　239

命运跟这位绝顶聪慧之人不断开着玩笑，可透过他跌宕起伏的人生，似乎一切的偶然亦属必然。

后　记　　　　　　274

刘子如

刘子如（1870—1949），四川綦江金灵乡（今属重庆市綦江区金桥镇）人。曾任美国胜家公司四川总经理、重庆胜家无限公司经理等职，创办重庆私立孤儿院、重庆中华基督教青年会等慈善事业，并以逾七旬高龄到抗日前线服务数年。

不负慈善不负国

一

成为富人,捐钱捐物去做慈善,有时也会带来烦恼,这方面当世已有很多例证。百年前的重庆巨商刘子如同样遇上了这种烦心事。"二十年来捐款捐物作慈善,到头来还有人说是诈捐。"刘子如难以忍受这种污辱,他要反击。

慈善捐赠虽对当代人而言并不陌生,但四十多年前国人还鲜有人闻。20世纪90年代《新民晚报》就登载过这样一件趣事:70年代初,一位上海工人自发向灾区寄赠救灾款200元,结果却被所在工厂的"革委会"追究,他的行为被认为是"居心叵测、动机不良",最终这位捐赠者不得不承认自己的错误,并感谢群众的批评和帮助。

更何况一百年前那个昏聩的民国初期,一个人毫无私心捐出全部家产来做慈善,这是难以想象的。不得已,1933年年中,63岁的刘子如向四川巴县地方法院民庭递交了辩诉状。开篇即言:

呈为连雅各等捏词具告朦捐嫁祸请求赔偿损失一案,依法据实答辩,恳将原诉驳回并提起反诉,请予照约判决付给辅助金,以惟生计事。

辩诉状针对重庆基督教青年会、重庆自养美道会连雅各等人对刘子如存在捐献诈欺行为的提告进行驳斥。状中刘子如罗列了自己艰辛创业成功后的慈善初心与事实，状末呐喊：

然办理慈善受益人众，而如一人反横遭诬蔑，名誉破坏，损失不资尚，不以为德，反以为仇。诚恐此风一开，则社会善人君子，必以捐款大有后景之忧，视为畏途，后日之慈善事业，谁敢举办？实堪痛惜。

二

要厘清这其中渊源，还需回到8年前。

1925年12月21日下午3点钟，重庆总商会礼堂。

中外来宾已到一百多人，主持人是重庆孤儿院院长曾禹钦、重庆基督教青年会会长廖焕廷、重庆自养美道会会长毛宅三。所有人都来此见证一个盛举：商人刘子如将生平积蓄财产捐送给这三个团体，作为其开展公益事业的永久基础，贡献社会。

摇铃开会后，主持人简单介绍了刘子如捐献经过，刘子如上台发言，谓：

余父信神，营盐业，三拜峨眉山而生余，嗣后家产荡尽，余由乡来渝，钱仅五十三文，路经二百三十里，在渝经营，历四十年之久，始克有今日。余因父信神之故，遂有信仰之遗传。但余信基督，因基督博爱齐家修身等道理都完全，故余之财产，皆上帝给予者，余亦当本博爱之心，以代上帝作博爱之事业，此因余良心使然，毫不勉强，所以余认为捐赠此项财产，并不荣誉。此事余曾商得余师母及子福田之同意，因此项财产，实余与余师母苦心经营而来，而应交子福田继承者也。今日为实行交出捐约之期，承各界来宾，以资保证，个人深为感谢。

说毕，即在律师见证下办理了捐约签署手续。刘子如将多年所得的货栈、门面、地皮、田业及所经营的胜家缝纫机四川公司的权益，动产不动产合计十万余元，一并交出，三团体合组天申永商号接收此笔捐产，通过经营赢利多做慈善，并延聘刘子如一年作过渡。

会上，年仅10岁的养子刘福田也表态道：这项财产本来是我要继承的，我的父亲愿意捐出来做公益事业，我也就表示赞成，"因为我若果要这项财产，就要使许多孤儿孤女没有读书的机会。我也曾是孤儿院的学生，当然秉承父亲之意思，我将来能在社会生活时，也应效法父亲将我的财产捐出"。来宾听后热烈鼓掌。

主持人提议所有来宾起立齐向刘子如及其家人行鞠躬礼。来宾纷纷发言，表达钦佩之情，均称为地方幸事。美国领事及美以美会牧师梅福霖上台演说，美、英、法等国家亦无出刘君其右者。末了，所有来宾合影留念后散去。

数天内，重庆及四川各种媒体都广泛报道了刘子如的捐献盛举。

为正视听,《商务日报》上还全文登载了《刘子如文桢率子福田启事》《重庆孤儿院、基督教青年会、自养美道会合组天申永启事》《天申永董事会议决案》等相关资料。

但万万没有想到,天申永商号从开业伊始就连年亏损,且曾两次发生火灾,五六年工夫,竟将全部财产亏折殆尽,不得不破产清算。清算后尚欠外债万元。故决定由三团体分担部分亏损款项并中止天申永。本有约定好的善后协议,但青年会当时的主持人连雅各等人却迟迟不付分摊款,并发传单及提出诉讼,说刘子如所捐财产有诈,是造成当前亏折局面的主因。

刘子如悲愤交加,不得不应诉,在陈述多年来的慈善事实之后,不禁辩称:退一步言之,譬如营业出顶契约成立后,下届损失不能累及前届股东,此理至为明了,况本案系捐款,更无累及之可能也。并查《民法》第四一一条载有赠与之物或权利,如有瑕疵,赠与人不负担责任等语。况刘子如之赠与,确具善意,仪式公开,当众交出接收,彼等对于财产内容,均有鉴别之能力,定已了然于胸中,足见并无瑕疵。

文中悲叹道:

自连雅各等之传单发布后,社会人士对于子如竟发生怀疑,且有目为伪慈善家者,将子如一生公德,尽付流水,宁非痛心之事乎?子如一人之财产名誉不足惜,将来谁敢毁家助善、热心社会事业乎?

不过,事已至此,刘子如腾出时间认真地梳理了过去的身世和经历，编成了《刘子如毁家助善实录》一书。这本书于1935年1月12日出版，首篇是3000余字的《自述》。

三

刘子如是否真有巨额财产？他为何在55岁时就将个人全部财产捐出做公益？他何时何故开始做慈善公益捐助的呢？从他的自述里能清晰地得到答案。

清同治九年（1870年）农历十月初四（阳历11月5日），刘子如出生在四川省綦江县金灵乡青山石窝寨。

家于永里青山，世业农，年十三，因感家乡僻处，不易成就事业，毅然辞别，仅带五十三文小钱，步行来渝。初学刻字，继营书铺，稍有积蓄，常入木牌坊伦敦会福音堂，听讲基督教义，颇受感化，尝以博爱慈善诸教义自勉。旋营卜内门洋碱业，开协兴隆启记字号，代苏广杂货生意，均遭失败。

自述里，刘子如对青年前身世提及甚简。据后代考证，他祖籍江西饶州，祖父移居綦江，娶妻生下三个儿女，小儿子刘荣邦就是刘子如的父亲。刘荣邦在青山石窝寨落户，娶曹氏育儿女三人，长子刘华丰、女刘华英、二子刘华璋，字子如。

刘荣邦务农之余，做些贩卖盐巴小生意，并爱好佛学，常到周边传播佛经，妻曹氏也以孝道和菩萨心肠远近闻名。刘子如年幼时耳濡目染，质朴善良。不幸的是，父母和长兄都在子如幼年相继离世，他很小就成为孤儿，与姐姐相依为命。

对于自述中所提"感家乡偏僻而辞别"之说，家乡人共同的记忆是：刘子如13岁那年，因在邻居陈姓人家为家族墓地开光时被指有不恭之举，受众人责骂，他的倔脾气上来，要出走，姐姐劝不住，无奈只得将身上53文钱给弟弟，让他同贩卖日杂的小贩一道步行至重庆谋生。

经过两天二百三十余里的风雨跋涉，刘子如来到了重庆——这座他憧憬多年的川东古城，随后他几十年的命运将与它紧紧相连。

如自序所言，刘子如的经商致富之路并不平坦，其中主要记载了三件事。一是刘子如学手艺的执着。现存最为详尽的重庆城市古地图《增广重庆地舆全图》就是在19世纪末20世纪初，由刘子如依据张云轩《重庆府治全图》扩充刻制而成。刘子如流落重庆，被临江门（现一号桥富成路）红庙和尚收留，恰巧庙旁有个木版刻字铺，刻字师傅见他聪明好学，就收为学徒。刘子如"子时稍卧，五更又起，废寝忘食，艰苦奋进"，从雕刻小图章开始，逐步掌握木版刻印、雕刻石版印刷和铅印技术，并独自创业开刻字铺。

二是六次创业，血本无归。当小有积蓄，刘子如就着眼发展，曾开过书铺，代销洋碱（肥皂），经营苏广杂货……其间曲折一言难尽，因"沉船（货物）损失（折合）七千两白银的致命打击一病不起，大难不死"，也因债务缠身被赶出租屋，"寄宿仁济医院之停尸房"。从1894年到1901年的七八年间，刘子如的种种创业活动，全部亏损殆尽。

而改变其命运的关键是第三件事：成为基督教友。

本城木牌坊西人升堂设讲，即伦敦会福音堂。刘君偶经其地，入堂小憩，门外悬"宣传圣道"四字，遂与住堂牧师孙荣理君辩驳一切。孙牧不与之较，并引圣经答复，且赠《创世纪》一册，嘱刘君反复参阅，自得益处。数日给其大意，稍明其理，如梦初醒，遂丢弃旧日崇拜偶像之习惯，皈依救主，身心颇为之改变。每祈祷时，求主赐给能力，储蓄二百余金，足资衣食，如过其数，则归上主，作一切慈善事。此刘君特定之志愿也。

伦敦会即较早来华的基督教组织——公理宗伦敦会，福音堂即指基督教堂。该会属新教，与天主教、东正教的最大区别之一就是新教认为，人可以凭借信仰与神沟通，不必通过教会与神职人员，教会只是教徒的团体，神职只是承担教会工作的教徒。1894年，24岁的刘子如已累遭挫折、多尝疾苦，通过研习教义，觉得心境大开，决意入教，成为一名虔诚的基督徒。

上帝似乎开始眷顾刘子如了。他遇到了缝纫机在中国即将大面积普及的商机，而机缘来自其基督教徒的身份。历经创业失败的刘子如在教会帮助下进入美国胜家公司设在上海的远东总部工作，成为一名组装员。

胜家，是世界最闻名的缝纫机品牌。胜家缝纫机于1851年由美国人发明，以机器缝纫代替古代的手工缝制，被李约瑟誉为"改变人类生活的四大发明"之一。1853年，第一批缝纫机在美国纽约进行生产；1867年，胜家公司成为美国第一家跨国企业；1880年，胜家公司的缝纫机在全世界销售突破25万台。胜家首创的分期付款促销策略和全球营销网络的建立，使其缝纫机在世界范围内销售火爆。因各地都是通过散件航运、到地重新组装成整机出售，故需要大量组装人员。

通过近三年在胜家的工作，刘子如不仅熟练掌握了组装技能，而且学会了维修技术，更幸运的是，他以自己的好学勤奋、诚实崇教得到了上海远东总部人士的充分信任。这种信任最终转化为让刘子如回重庆筹建胜家四川分公司，拓展西南市场。

1901年前后，刘子如就任美国胜家公司缝纫机四川总经理一职。

重庆等内陆城市市民当时还不熟悉缝纫机的妙用，刘子如采用了许多新颖的方法拓展市场：他亲自带女职员到闹市街口缝补衣服演示，张贴广告及请乐队到处造势，开办缝纫机专业学校培训学员，为增加购买力采取先租后买……随着一个个举措的落实，销量节节攀升。数年间，刘子如就在川黔康等地设立了30多个销售分公司和办事处，在总部支持下，1913年，刘子如又兼任南昌和九江胜家公司经理，将四川的成功做法复制到江西。胜家缝纫机的畅销，给刘子如带来巨额财富的回报，他也用这些钱购买了不少物业和田产，如重庆富成路51号的楼房，既用于刘子如夫妇居住，又设立川黔康公司总部和培训中心。

孤儿身世，历经磨难，已近中年，无论从哪点来看，刘子如应该比别人更有理由开始享受生活，可财富快速增长的他却放不下久悬心中的那个情结：每祈祷时，求主赐给能力，储蓄二百余金，足资衣食，如过此数，则归上主，做一切慈善事。

盖圣经有云，生命万物乃上天之赐，享用有余，应还于上天也……故余之财产，皆上帝给予者，余亦当本博爱之心，以代上帝作博爱之事业……

四

刘子如少年时因父亲信佛且痴迷，便耳濡目染，心底种下了善良的种子。13岁时父母双亡，到重庆城乞讨时，他被临江门外嘉陵江边红庙的当家和尚收留，边干杂活边教识字，得以安身成人。刘子如事业渐顺后，和尚已离世，感恩的他特地在富成路岩上重新修墓安葬老和尚，并于每个清明带上家人扫墓祭奠。因胜家业务经常到上海，他又结识了一代诗僧、佛学大师苏曼殊，两人"生身都很凄凉，因而交往最深"。佛教的悲悯情怀与基督教义在他心中交织涌动。

刘子如自述：

因父信神之故，遂有信仰之遗传。但余信基督，因基督博爱齐家修身等道理却完全，……此因余良心使然，毫不勉强。

虔诚执着之情跃然纸上，也能看出基督教对刘子如具慈善情怀的影响更大。据查，刘子如1894年皈依基督教。1902年，他邀集教友发起"中华自传教会"，1915年，刘子如发起创办"重庆中华基督教自养美道会"，正式提出"自办、自养、自传"的"三自"原则。20世纪初中国的宗教环境是复杂的，刘子如却有着独到的见解，他确信信仰必须植根在自己对祖国的深厚情感上。

1870至1920年间，以歇勒登《跟着主的脚步走》、饶申布什《基督教与社会危机》为代表的新教"社会福音"理论盛行，他们认为，只讲个人得救的福音是不够的，还需将《圣经》所教导的"爱"和"公义"的道理贯彻于社会生活中；他们赞成宗教改良，提倡教育、社会服务和社会政治的改革。刘子如投身慈善的思想受《圣经》中的"博爱"精神和近代新教的"社会福音"理论影响颇深。但他特别敏锐地提出西方宗教必须结合本国传统，尤其是中华文明的"仁爱"之道。

刘子如曾阐明其独立自主的办教理念。

此后对于基督教义信奉愈笃，忻和感外人传教，因语言文字风俗等之不同，颇难普及，并恐外人乘机窥视内情，不利国家，应由华人自传。

重庆开埠前后，多次发生传教士充当间谍、包庇鸦片走私等引发的反洋教斗争。1890年在大足爆发的捣毁教堂的余栋臣起义，持续近10年，蔓延周边30多个州县，共焚毁洋教堂20余处，他主要针对天主教会，而非新教伦敦会。

刘子如1902年酝酿发起"中华自传教会"，强调在如此激烈矛盾背景下的"自传"意识，"觅定小什字玄天宫废址为教堂，加以修葺"。1915年，虔诚的刘子如觉得时机成熟，发起创办新的组织，特命名为"重庆中华基督教自养美道会"。"中华"意味着"中华民族"自办，非为洋人操纵，"自养"，则是经济上不靠洋人，不靠政府，靠自我筹措。

子如前后捐款八千七百余元，载诸石碑，至今犹存，并年收佃银，作自养基金。时光绪二十八九年来也。是为子如捐助金钱、发扬教义之始。

清光绪二十八年（1902年），该教会的玄天宫、白坛庙、地母庙三处地基和钟楼均由刘子如出资捐建。从此"子如因慷慨乐捐，成人之善，声誉日隆，而善心益发"。

1914年，"居常见渝市孤儿孤女，天真烂漫，既无所养，又失所教，流离载道，良堪悯怜，即将自置之孤儿路产业，全部捐出，创办孤儿院，收养孤儿孤女。……经费若遇不足，辄由子如捐助，以前十周年之报销册为据，子如共捐洋四万七千余元"。也就是说，社会各界捐助不足孤儿院开支的部分，都由刘子如承担补足。

1921年，"子如任成都青年会董事，见重庆为西南重镇，万商云集，华洋杂处，尚无世界伟大团体青年会之组织，对于社会有为之青年，不免失训练指导之机会，遂约西人谢安道君，开办重庆青年会"。青年会全称"重庆中华基督教青年会",刘子如出任其首任会长,带头捐款2000银元,并向川中军政要人刘湘、杨森、邓蟾秋等募捐万元开始创建。老舍后来赞称"在全国内,这样的青年会大概只此一家"。此会给重庆人留下过太多的美好记忆,直至新中国成立后的1958年它与重庆爱国会合并,才结束存在的历史;在那30余年的历程里,单就开展的工作之多、服务群众之广、影响之深远而言,其他任何一个社团都无法与之相提并论。作为创办人及首任会长,并担任总干事、董事等职达12年之久的刘子如居功至伟。

随着时光流逝,除了待救助人群太多无法兼顾外,刘子如感到身体状况每况愈下,常觉力不从心。友人们都知道,只要有刘子如参加的宴席,必须按时入席就食,因为他青少年时饱一顿、饿一顿的,饮食无常,患有严重的肠胃疾病,如不能按时进餐,肠胃就疼痛难忍。

刘子如因此认定自己活不过60岁。

他开始思考,既然自己的人生有限,还有什么方式在这乱世里更能昭示他对上帝的忠诚和对众生的悲悯之情呢。他希望搞明白在人生的暮年,还能为上帝和社会做些什么。这促成了他54岁那一年的环球考察之旅。

1924年春,作为著名实业家、慈善家和美道会长老的刘子如,在各国宗教组织的盛情邀请下,从上海出发,经香港赴南洋,越印度洋抵印度,又经西印度洋进红海,入苏伊士湾到埃及,再到圣城耶路撒冷,过地中海到意大利的罗马城,复经瑞士过海峡到英国伦敦,然后绕大西洋到美加,最后由美国旧金山渡太平洋经日本回国,环球一周。

刘子如抱着对基督教义的信仰和强国富民的学习之心走在旅程中,他将每日所见所思认真写下来,后整理成十多万字、共四卷的《新新游记》。一路上,各国媒体和教会都对其作了广泛的报道。大量的史料证明,从这次游历开始,刘子如从一名崇教爱国并举的慈善商人,逐渐转变成一位彻彻底底的爱国志士。

五

即使历经百年沧桑,刘子如的气度和情怀依然能穿透纸面,撞击读者的感知,扩宽读者的视野。

1925年的《同工》杂志曾有一段介绍:(刘子如)客岁游历欧美归来,撰《新新游记》一册,初版千份,一时争先购买,甚形踊跃。现在再版中,从可知刘君之才识矣。全书共二百多页,十多万字,由著名书法家、诗人赵熙题写书名。

可惜历经风雨劫难,笔者现只在民间搜集到残本一册,内容缺失大半(缺1—73页、79—92页、193以上页。近闻搜到全本,大幸!)。

刘子如一生留下的自辑资料除前述的《刘子如毁家助善实录》外,就只剩这三万余字的日记残本了。要理解他,这第一手资料最为可靠,虽是断简残篇,不啻吉光片羽。刘子如以自己平实真诚的笔触,原原本本诉说观感,坦坦荡荡表达愿望,字里行间,夹叙夹议，无处不透出炽热的爱国深情。读罢，对子如先生的余生抉择自当了然于胸。

在瑞士游览时他感叹：

余处斯境，窃有感焉。瑞士为世界之公园，景致天然，夫人皆知之矣。假使不得人工之补助，绝无此等胜景；不赖科学之研究，绝无是项工业。回想我国四川，亦为尤是亚东最美之公园，……独怪国民不特加补助，反从而贱视之，岂非可惜者乎。……余拟于返国后，邀请川中各界巨公，勇力前进，改良社会，通力合作一模范社会。是则，余之素志也。

到英国观摩工业文明先进之余，他从当地孩童的慈善行为受到启发：

回想英国一般小孩，爱人捐输之道德，悉从根本做起。我国非贫，昌不自行提倡，而反觍颜以受他人之恩惠乎。同胞速醒，苟不受人服役，即应为人服役。矧是，则国强可翘足而待也。

在伦敦特意参观当地女孤儿院，深服其规模及管理后，刘子如写道：

今特奉告四川之绅耆、财主，不须用资购买蒸尝，建筑宗祠，多积金钱，反贻后累。诚能痛念无告孤儿，稍一援手，其功德奚啻万万倍也。诸君勉乎哉。

在加拿大，参观电灯公司和金厂主人家：

余思中国之萎靡不振，均由国人徒谈论空言，而不实行。敬望教内同胞，提倡家庭卫生，谨守时刻，诚实无伪。吾辈不行又将赖何人行之乎？

参观农机制造厂：

深惜我国对于农业不同机械，仅用之于兵工厂制造枪炮，惨杀同胞，殊非得也。

参观水电站：

可惜四川既有自流井之煤气，复有灌县之水力，此类天然，不思利用，殊可叹也。请诸君速兴，免致后悔。

到美国感于其路政及通信：

交通为强国之要素，筑路为富国之渊源。即如古代罗马文明，今尚未替者，溯其原因，靡不归功于路政。古时所筑三千余里马路，今已进为铁道，并且逐渐扩充。此外，更辅以无线电话，千里之外均能立时听命，全球消息如在目前……深愿国内同胞，从路政下手，建设道路，开辟蚕业，不数年间，吾川必焕然改观也。

访问日本横滨时甚至为当地一小事深思：

五钟返横滨，下车时迷失路途。问及一四十余岁之日人，该日人几次详细地名，并送电车票。复不放心，雇黄包车领行六七里，送至船边，与车夫以日洋一元。余当酬以美金一元半，酌补车费。伊再三不收，子如无如，只得将洋掷于伊之衣巾中，飞步上船而别。此等日人，待客有礼，真能尽国民之责任，殊属可贵也。

当时刘子如游历各国的影响是很大的，如书中所记：

余位坎（加）拿大境内二十余日，遍历名城演说。常闻人云：较一千西人返国之报告尤佳。各埠报纸每日均载有子如演说之事。在小车，在码头，在街市所认识之友人，无不向余推手也。……车上唐君云：此次在坎境内之演说，见证大有能力。因余是商人，而非传道者，如此舍己，殊难得也。

由此可见，刘子如所思所想的始终围绕自己的祖国，谈及国内现状的"可惜"和"可叹"，希望国人"速醒"与"直追"，几乎所有的独白和感慨，都浓烈地体现其忧患意识。

回到国内，他曾悲叹："余思之，入他国境界若登天堂，一下海轮至我国壤土即入地狱矣。"最能代表刘子如此行心态的是他的这段发自肺腑的文字：

诸君盍不放开世界眼光，远游欧美，一新耳目，将来返国作事，自可与人民谋进益。且此十余年来之民国，仅造成一般富润身之军阀，不知世界为何物，偶尔三步猎孙文之学说一书，便自诧为神奇。果然出国游历，便自了然孙文学说是一最平易之事。希望诸君起而直追，又何不能改造为头等强国乎。

刘子如全神贯注地观察着远远领先当时中国的这些发达国度，他思忖他必须采取更有感召力、影响力的举措，让更多的同仁加入到把中国"改造成头等强国"的行列中来。

刘子如朴素执着的情感，让他目光如炬、雷厉风行，只要能使苦难的祖国更加富强安宁，他愿意为之奉献一切。他认为通过巨额捐赠是最能触动国民灵魂的。

前文所述，1925年他捐献全部资产就是在这种情绪迸发后的自然举动。

六

包括这次捐献的善款在内，刘子如的一生总计捐资多少？这些数字放在当世是什么概念呢？

关于他的捐献数额有两种说法：第一种是20万余元，依据是刘子如1934年自撰的一生捐款表，上列17项细目约计20万余元；第二种是30余万元，依据是1938年胜家公司给军政部兵工署信函所述：过去刘子如先生本身由做美国胜家公司所赚之钱，共计30余万，亦已全部贡献国家。若虑及刘子如晚年尚捐赠青山孤儿院等公益事业，以30余万计是可信的。

那么当时30万银元相当于现今的多少人民币呢？

重庆社会科学院财经研究所邓涛所长曾认真做过推算，分别按购买能力（大米）、黄金换值、历史学者黄仁宇《中国大历史》中计算原则等，综合分析，认为按1银元=200元人民币计算比较合适。即刘子如捐款按现值计算，达到6000多万人民币。

这无疑是一笔巨款。更可贵的是刘子如不仅捐得多，持续时间长，而且捐得早，他是开巨额善款捐赠先河的人物。由于当时资讯不够通达，且他身居西南一隅，在中国慈善史上并没有给予他应有的关注。

21世纪初由国家社科基金支持的重点项目"中国近代慈善事业研究"开始全面进行，从该项目后续出版的系列读物中可看出端倪。

"慈善事业"这一提法在清末以后才开始在我国通行使用，此前一般称作"善举"，泛指政府之外的个人或机构不计经济效益地增进社会福利的举措。中国传统文化观念里早就有积德行善的理念传承，它强调的是一种无私的奉献，如果含有任何功利目的，就算不上真正的慈善。清代以来，通过义仓、善堂、栖流所、济良所等机构开展济贫、赈灾、放生等事业，通过恤孤局、抚教局和育学堂等方式救济孤儿或教养兼施，主要是以朝廷与地方官衙为主导，各地士绅热心助善为辅助，只是从江浙地区沿长江上溯则愈显势弱。

民国建立后，北京政府和南京政府陆续开始完善慈善立法。从1914年始历20余年基本建立《捐资兴学褒奖条例》等系列兴办社会公益事业的鼓励法规和《监督慈善团体法》等对包括红十字会在内的慈善机构的管理法规。

刘子如就是在这种背景下推进着他的慈善举动，他依靠的是自己的初心和对上帝的诺言，从未关注过背后的功利，可他在中国慈善史上的份量应被重新评估。从史料查阅比对不难理解这一点。史载，当时最受瞩目的善举是曾出任过国务总理兼财政总长的熊希龄于1920年10月在北京创办香山慈幼院，持续运营30年，培养学生6000人。而刘子如1914年就发起创建重庆孤儿院并一直延续救济孤儿事业至终身；重庆孤儿院从初始仅救济40名孤儿到鼎盛期的1934年已能接收教育儿童达400余名，累积培养孤苦孩子也应有数千名之多。

曾桂林在《民国时期慈善法制研究》一书中罗列了大量表格，就民国前期各地捐赠和慈善褒奖进行比对分析。表载除刘子如外，西部慈善捐赠人士少得可怜，且捐资总数极少，大多仅有数百元不等。

可以肯定，刘子如的慈善壮举在那时的西部是极其少见的，他的举动无疑与其身世和宗教信仰有关，但其过人之处在于他的执行力、感召力和坚持。他引领了当时西部重镇重庆的一种风尚。

1914年2月，他创办孤儿院；1922年5月，他发起创建重庆市中华基督教青年会，一时间，一些当地富商均积极响应追随，这两大事业均得以长期开展，造福了大批青少年。一些当时的军政要员也对此给予积极回应，刘湘、杨森、潘文华、邓锡侯、李根固等均跟进捐款，当地所有主要报刊均大量登载刘子如所引领的公益事业进展。

七

刘子如的性格里有一种执拗倔强的基因，看他存世的数张半身照片就能感觉得出来。他不苟言笑，坚毅执着。这种个性使他能持续坚持"费力不讨好"的慈善义举，但也容易与人发生冲突，产生误会及争端。著名国际友人、加拿大籍传教士文幼章晚年与友人通信，在肯定刘是慈善家的同时，写道：

我在重庆小什字教会与他在一起的那段时间，是很不高兴的，因为他自尊自大，态度傲慢。不管怎样说，他在经营胜家缝纫机公司和别的工商业上是很成功的，因而帮助了中国的现代化。

1933年的诈捐污名事件虽有他人恶意为之的原因，但刘子如在此过程中的不善沟通或许也加剧了这种冲突。

随后的诉讼虽消弭了对他的不良影响，但既然已毁家助善，他自然也就闲散了数年，可未来的日子总得过下去啊；刘子如感觉上帝迟迟没有"呼召"他的意思，倔强执着的个性促使他重新创业。

1934年1月8日,《商务日报》刊登了一则醒目的广告:

> 胜家缝纫专科学校
> 特设寒假补习班招生
> 本校寒假班,成绩非平常,
> 特增绒花课,学者均赞扬,
> 珍视时光的女同志,
> 快来!快来努力!
> 校址胜家公司　电话205

过几天,另一则如此登载:

> 为妇女界谋出路
> 重庆胜家总公司附设妇女缝纫班招生
> 资格　十四岁以上品行端正者
> 学费　一律免收
> 学科　缝纫科　裁剪科　刺绣科
> 食宿　远道者可寄食宿
> 日期　某月某日开学期前报名
> 毕业　两个月详章承索即奉

刘子如还是从自身熟悉的缝纫机行业重新起步,他把原捐出去但经营亏损停业的美国胜家公司四川总代理的股权全部收回,将自住的富成路51号二层小楼的二楼全部腾空，摆放几十台缝纫机，又开始走边教学边销售的熟路。

  从1901年开始在重庆销售的胜家缝纫机畅销了30余年，市场颓势已显。但刘子如偏认为这个市场仍有很大的空间，天申永那帮人太不懂行了，抱着个金饭碗还到处化缘，甚至低估他刘子如所捐财产之价值，必须让这些人刮目相看。

  在没有出现缝纫机之前，主要靠裁缝来手工制作衣服，一针一线地缝制，不仅生产成本高，且稍有破损也不好及时缝补，所以平民百姓很少穿上新衣，有的甚至一生只穿两次新衣服，即结婚时和去世时。刘子如认准缝纫机的高效率必将完全取代手工缝制，需要做的是使出一套组合拳让百姓们买得起、用得起，进而改变他们的生活习惯。他这次推出的新招是结合胜家公司的销售优惠政策开办缝纫机学校，教会更多的女性掌握这项技能。

  无数的川中女性从中受益。有"革命先驱、女中一杰"之誉的胡兰畦曾回忆：

  大约在我十多岁的时候，成都石马巷有了一所女子缝纫学校，教授机器缝衣。这个学校其实是为推销美国胜家公司而建立的。但这在成都是一个很重要的创举。机器缝衣服比手工缝衣服本来就要快好几倍，何况外国人做生意很舍得花本钱宣传，满城大街小巷都张贴花花绿绿的广告，宣传缝纫机的效能，还提出负责包教包修、保用五年的许诺，因此很快吸引了许多知识妇女到石马巷去学习。我的母亲也去学了三个月。毕业回来，就利用我家右厢房，也办起了一所机器缝纫学校。

"双枪老太婆"陈玉屏自述"在20世纪30年代的重庆,也通过胜家缝纫机公司的女学工们,凑了十五六台缝纫机,办起了一个被服厂,旗开得胜,出色地完成了组织交下的任务……"卢作孚夫人蒙淑仪在救助无家可归的邻家寡妇时,方法就是合租开办缝纫社……

旅居在加拿大温哥华的中国台湾企业家葛家瑗夫妇数十年后这样写道:

办胜家缝纫学校,使多少穷人妇女受惠。那时代我也见过女人在家一针一线地缝缝补补,使用机器就方便了,学会使用机器,可帮助家庭赚到不少收入补贴家用,帮了不少低收入家庭。我们这个年纪的人才了解这个帮助是多么大!

当代经济学家经过无数的案例论证出这样一条真理:商业是最大的慈善!刘子如所拓展的缝纫机销售的商业版图改变了成千上万个家庭的生活,这是他所做的最大善举。

仅用4年时间,刘子如的事业又发达起来。各地缝纫女校已达数十所,遍布川黔康三地;与美丰银行胡汝航、川盐银行王狱生二人合办生产机制砖瓦产品的三才砖瓦厂开始投产;类似于集团性质的胜家无限公司在实业部注册成立,下辖川黔康胜家缝纫机总公司及其他分公司、女子缝纫学校、砖瓦部、三多鞋厂等。

平静下来，刘子如清楚，他已证明了自己的能耐和价值，也看淡了世间荣辱是非；瞅着相伴半生的贤妻、已成年的养子和送去读大学的养女，以及两个年幼的儿子，他心中念叨，要不了两年，自己应该能好好地颐养天年了吧。

八

好时光总是如此短暂。1937年炎夏，正在上海商谈拓展胜家陕西网络的刘子如，惊悉卢沟桥事变爆发。

让刘子如重新作出人生抉择的时刻又到来了。从创业求生至小有所成，他心中始终涌动着对这个古老国度的赤子之心。

1915年，当日本政府向袁世凯政府提出屈辱的"二十一条"的消息传至重庆时，极端愤怒的刘子如曾当众宣誓："倘日后中日大战爆发，子如自愿不用饷费，不动公家分文，上前线与敌人周旋！"

1931年九一八事变爆发不久，刘子如曾放下所有事务，从上海赶回重庆，与各界名流发起组织东北义勇军四川后援会，后改称中华民国抗日军四川后援会。他当时就设想着去东北打游击，苦于投军无门。

此刻，日军铁蹄又将糟蹋我更多国土，刘子如觉得自己最后也是最重要的使命到来了。他绝非贪财恋栈之辈，他觉得上天让他过耳顺之年而不召唤，就是为了让他赶赴沙场、做出人生最后的奉献。

富贵终老或悄然逝去绝不是他此生的选项，现在他将整装出发。

他要上抗日前线，这才是他人生的最好归宿，刘子如对这块土地刻骨铭心的爱再加上他决不苟且的性格特质，在此刻喷发出如火山熔岩般的灿烂光焰。我们设想一下，已67岁高龄的刘子如之后的命运会是怎样？有两种可能：一、考虑到当时的卫生医疗条件，人均寿命不足六十，他应该"见好就收"，将生意交给已成年的养子刘福田，自己根据身体条件，传帮带一阵，留守在大后方的重庆，平安终老；二、继续自己的慈善梦想，多捐些财物，救济更多的待救助对象，造福一方百姓，这足以告慰自己，既留下盛名又不负家人。不过，刘子如从不走寻常之路，他之前的善举只是为这个国家奉献的一种形式，围绕着他的初心，当有更能表达这份赤子忠诚的机遇来临时，他决不会错过。

他已做好出征前线、牺牲生命的所有准备。

九

1937年8月，刘子如发起组建重庆也是四川的第一个前线战地服务团。由踊跃报名的千余名青年中遴选"富有热情、确能耐苦，而无家累者"72人组成，经过一个月的军事化训练、三个礼拜的医院实习后准备出发，国民党中宣部统一委派了带队团长，刘子如自任副团长。

出发前夕，刘子如在关庙街的重庆餐馆设宴招待各位好友，席间郑重宣布将所投资企业和家产委托给年仅23岁的养子刘福田管理，并托数位友人为监护人；宴后临别留言：此次带领重庆战地服务团出门，不战胜日本，决不回川！

刊载在当年《前线》旬刊第13期的一篇署名孟加的采访《大时代——战地服务记》中，记录了出发前"授旗宣誓的典礼"：

> 这七十二人中，最可注意的，是那位年近古稀六十八岁的老副团长刘子如先生。精神矍铄，在严肃的空气里，愈显威严不可犯。老先生论他的地位，白衣素民，也许不会被人如何的重视。但在他的事业方面，西南数省只要知道他名字的人，没有一个不称道的。……民族抗战的烽火，也燃烧起这位老先生青春的热情，忍将抛弃晚年舒适的享受，夥在青年群里，同走上救国的途中。
>
> ……
>
> 出发的期间，已决定在十二月四日的早上。
>
> 一个雄壮的远征队，这样准备着，抱着伟大的理想，希望，热忱，将开始远征了！

战地服务团第一站到达汉口。在慰问前线撤退的伤病将士的同时，刘子如听闻第七战区司令长官、四川省主席刘湘因病重在汉口万国医院就医，连忙前去慰问。

他们二人早已熟稔且互相敬重，刘湘曾受邀出任刘子如所捐建的重庆孤儿院的名誉院长，并题赠匾"嘉惠诸孤"，刘子如创办青年会的十周年纪念日，刘湘再次赠墨宝"敬业乐群"。主政重庆期间，刘湘多次在规划城市布局、市政建设座谈和重庆纪念集会时，邀请刘子如参加。刘湘在许多场合这样介绍："刘子如是四川人的骄傲。"

当刘子如风尘仆仆来到刘湘病榻前，刘湘诧异地问道："子如，战乱之际，这艰苦的条件，你怎么也出来了？"

刘子如平静抒怀：

甫公（刘湘字沅甫）挂帅出征，辛劳成疾，川民惦念。人云：国家兴亡，匹夫有责，今强敌压境，危在旦夕，国将不国，岂能苟安。子如虽不能持枪冲锋杀敌，但可演讲号召，组织鼓动，疏导民众，抢救伤员，尽区区国民挽救民族沉沦之天职耳！

没想到的是这一面竟是两人间的诀别，一个月后的次年1月20日，刘湘病情恶化，大口吐血，在医院去世，临终遗嘱：抗战到底，始终不渝，即敌军一日不退出国境，川军则一日誓不还乡！

战地服务团沿着浙赣路一路前行，分别到达九江及南昌一线进行救护和慰问。1938年初，了解到安徽前线部署的川军较多，刘子如带一半团员又奔赴皖南。大量资料显示刘子如带队开展了卓有成效的工作：筹办抗敌游艺宣传会、教唱歌曲，制作标语和壁画，筹集大量生活用品，为将士撰写书信、缝补衣物，开设"随团医院"沿途救护……可查到大半年工作概况中罗列的大量数据：分发给前线将士的棉背心38100件，棉风帽12329顶，麻袋8000条，布鞋10379双，担架1000副，毛巾24751张，肥皂9600块；光九江地区就走访53个伤兵医院和休养院，共慰问20521位受伤战士，送猪31头，代写家书1893封，缝纽扣3180颗，补衣物820件，参与直接医治伤员、难民2001人。

1938年8月4日，因战局吃紧，各战地服务团接到命令，"除自愿到陕北抗大者外"，其他人员一律到江西吉安集中受训作进一步调配，刘子如率领的战地服务团正式解散，8个月来"服务地带漫延八省，跑了上万里的路"，没有任何一个同类团体在行程长度和条件艰苦程度上能和他们媲美。

10月，刘子如获得国民政府褒奖，全民族抗战一年多以来只有10人被授与此褒奖。

兹四川重庆战地服务团团长刘子如因服务前线，卓著成绩，今依陆海空军奖励条例第四条第三款呈准，国民政府给予陆海空军褒状，以示奖励。

军事委员会委员长蒋中正
中华民国二十七年十月□日发给
衡字第拾号

十

刘子如决意留在抗战前线。

他申请正式从军，换上戎装。他不能不兑现自己为国效命的诺言。这绝不仅仅是一种简单的服装上的改变，这种改变意味着刘子如想彻底改变之前的生命轨迹，把自己变成一个战士，一个随时能为祖国献出生命的战士,他觉得他的精神世界由此达到自己期望的顶峰,所有世间曾有的烦恼将随之消散。

担任第23集团军总司令的川军将领唐式遵正在皖南前线御敌,为刘子如的精神所感动,但又担心他的身体安危,经再三斟酌,任命他为集团司令部参议。第23集团军由原川军第二路预备军改编成立,刘湘曾兼任总司令,唐式遵、潘文华担任副总司令。1938年1月,刘湘去世后,唐式遵接任总司令,下辖两个军,从1938年春至全民族抗战胜利,一直驻防皖南,担任长江南岸的江防任务,目的是打击日军沿长江到武汉、上海的舰船运输,以及沿平汉路袭击日军。

当时《前线》杂志上曾刊出记者白菲所采写的《刘子如老先生在前线》一文,节录如下:

提起老先生,在皖南前线一带,几乎已成一个特殊的人物。因为他的出现,是代表着中华民族崇高而伟大的奋斗精神的,使衰老的中国,好似也年轻了许多!

记者很荣幸能有机会接近这位老英雄,他的声容笑貌觉得好像还是一个年轻人。中等的身材,两眼闪烁有神,尤善于谈吐,诙谐有趣。微带斑白的发鬓和脸上深陷的条纹,可算是唯一表征他年龄的特点了,他的态度是乐观的,无论在什么时候看见他,都常常带着一副和悦的笑容。

在一般旧的传统习惯中,老先生是一个例外,他牺牲个人幸福,打破自私观念,担起了民族求存的责任。这在时代的青年人中,正是一个好的模范，一个值得效法的模范！

刘子如十分难得的笑容不时浮现，这是一种大义凛然后的轻松释怀。

在与唐总司令朝夕相处的日子里，刘子如知道他不可能被批准前往战场一线，他思考着能为抗战将士再做些什么。他想起了曾当过匠人的能耐，为表共同抗日的心志，通过数月努力，一幅长度达十余米、每个字约两米的"固我山河"石刻由他主持指导，被雕刻在安徽九华山的悬崖峭壁上，题词旁分别刻有"中华民国廿六年冬"和"仁寿唐式遵题"的小楷。如今，历经80余年风吹雨打，"固我山河"四个恢弘遒劲的大字仍然屹立在苍莽的"东南第一山"九华山的绝壁上，让后人瞻仰。

奔忙在皖南前线的刘子如也得到了在同地作战的中共领导的新四军将士的尊重。1919年赴法勤工俭学时得到包括刘子如在内的重庆商人们捐助、并从此走上革命道路的陈毅，曾专门托人将自己的一张与友人合影照片相赠，照片的硬纸边框上陈毅的毛笔字历历在目："送给站在抗日最前线的刘老团长"。

川渝男性非常重视逢十的生日。曾经，刘子如五十寿宴办得热闹非凡：铸铜像，开席数百桌，接收贺匾和祝寿诗词数百块，收礼金上万银元，捐孤儿院大礼堂、工业室各一座。六十寿宴时，在孤儿院广场搭建的大棚里宾客如云，四川省主席刘湘送来题词："佛非佛仙非仙有寿者像，老吾老幼吾幼是仁人心"，时任立法院副院长的林森奉上彩缎寿幛"春庚永荫"。然而到了1940年十月初四的这一天，寿满七十的刘子如却在前线悄然度过，无人知晓这位无比重视满十寿辰的七旬老人是如何平复那时的心境的。

刘子如身边的战友尚记得两件事：在战地服务团奔赴前线的过程中，成员除开吃穿外，只有两块钱的杂费，就这样的前线同类团体最低的补助，刘团长也从没领过一分一毫，他"只吃一碗饭，未受公家分文"。在安徽前线，他发现到处长满了折耳根，而当地人以为是野草一直让其自生自灭，刘子如亲自示范，在田野里扯来洗净，拌上简单的作料，用筷子夹起食用，从此当地便开始流行食用折耳根了。

到了1940年，全民族抗战进入第四个年头，出川作战的川军已伤亡30万人以上，其中就有台儿庄战役固守滕县的41军军长王铭章、师参谋长赵渭滨，第145师师长饶国华，以及税梯青、袁治、华品章、林相侯、解固基、杨怀等近十名将军衔川军军官。

刘子如也作好了准备，要么战死沙场，要么得胜还乡。

十一

可人世间的烦恼却不会轻易放过刘子如。已整整3年待在前线未回重庆的他，不得不返回家乡处理一个变故，它关系到刘子如视同生命的东西——信誉。

养子刘福田挪用胜家缝纫机的货款迟迟未还，胜家公司远东总部严令刘子如尽快处理。

1900年前后，刘子如娶品貌端庄、宅心仁厚的璧山女子陈文桢为妻，二人相爱相携走完一生，在创业过程中，妻子出任胜家公司缝纫女校校长一职。《重庆市私立孤儿院院务纪要》中有"陈文桢女士同为本院创办人"的表述。让人惋惜的是陈文桢未生育子女，两夫妻商量，抱养了两个孤儿：长女刘璧如和长子刘福田，后又找人代孕生子：刘福祥和周祥彬。

刘璧如的命运让人痛惜，8岁起刘子如一直供她读书学习，直至从著名的金陵女子大学毕业。1924年刘子如环球考察回国，并不急于回渝，而是借道上海坐火车到南京探望正读大学的爱女，由此可见父女情意。刘璧如毕业后，刘子如又以自己在教会的声望及人脉，安排她到成都华美女中任教职，不久她就凭自己的才华升任校长。在成都教育界，刘璧如以丰富学识和高雅气质广受好评，她同时还担负着管教在华西协和读高中的刘福田的责任。

以好色著称的军阀杨森破坏了这种宁静，他派参谋长在重庆宴请刘子如提出纳刘璧如为妾之意，刘子如断然拒绝，虽无惧杨森淫威，但忧虑兵荒马乱，也怕乱世变局引来灾祸，故联系友人让刘璧如赴新加坡安家避祸。数年中虽有书信往来，但因战乱，20世纪40年代后竟然联系中断，音讯杳无，令人感伤。

而对养子刘福田的疏于管教终酿成苦果。刘子如奔赴前线后，刘福田花花公子的本性开始显现无遗。

刘福田不仅公开抽上了鸦片，而且肆无忌惮地赌博。重庆有名的赌徒们齐聚富成路刘子如家中，夜以继日地豪赌，为解决赌徒们伙食，刘福田安排厨师"24小时不停地准备流水宴"，以满足这些人的吃喝。"1938年夏天的一个礼拜六，刘福田把从青年会拿回家的4

万元,相当于500两黄金的现金全部输光。"

亲友们眼见刘福田将刘子如的财产不断挥霍的劣行,心急如焚,不停地给前线的刘子如打电报、寄书信:"刘福田搞得太不像话了"、"连刘福祥的学费也缴不起了"、"家里后院起火了"。抗战决心坚定的刘子如一直不理会重庆家庭、企业的变故,"先国后家"的思想让他义无反顾。

赌徒心理让债台高筑的刘福田已迷失麻木,他无所顾忌到竟然动用了美商胜家公司存在四川分公司的部分外汇,且迟迟未予归还。美商提出严正抗议,通过政府相关部门勒令在皖南前线的刘子如速回渝处理债务,刘子如此时已无法回避。

1940年秋,刘子如回到已阔别3年的重庆。他立即着手处理刘福田欠下的巨额债务,首先将所有企业财产(包括已苦心经营30年的胜家经销渠道)进行变卖,但仍然是杯水车薪,无奈之下,刘子如还必须卖掉自己的唯一住所——富成路51号这栋曾承载他无数美好回忆的楼房——才有可能偿清债务。正逢战时,在重庆遭日军飞机狂轰滥炸的背景下,要出手如此巨额的资产十分困难。十余年前曾因诬其诈捐而与刘子如有过节的连雅各或因愧疚、或因钦佩,站了出来,他想尽方法让刘子如以4万银元的价格出手,虽然有所贬值但已足够弥补债务的窟窿。

偿清债务的同时,刘子如分别在1941年2月18日至20日的《大公报》上刊登启事,声明与刘福田脱离收养父子关系。事后,善良的刘子如老人还送给这个不省心的养子5000元钱;刘福田羞愧万分,从此再没有出现在刘子如的视野中。后来有传闻说,同在孤儿院长大、解放后出任重庆人民银行行长的余跃泽提及，他曾帮助刘福田在川南寻得一份工作，刘福田最终客死他乡。

小儿子刘福祥此时年仅14岁，直到老年，他都能忆起父亲在谈及辛勤哺育20余年的养子时的慨叹：不应该留金钱给儿孙买耻辱。

十二

刘子如71岁了，前线不让去，重庆已无家，养子刘福田的不争气，几乎耗尽了他所剩不多的锐气。难怪旁人说他，视之肃然，近之却仁厚，还是他内心太软弱：难道刘福田的劣行没有自己溺爱纵容的因素吗？尽管面对时世曾拼力奋争过，此时的刘子如也认为，自己恐怕敌不过命运之神的安排。

1941年秋，刘子如偕妻回到老家綦江县青山老房子湾，这是阔别58年后的叶落归根。或许上帝冥然间，早已为刘子如作了最后的安排——青山孤儿院。

纵然刘子如的人生如此丰富，要说一生中与他关联最密切的除了缝纫机生意，就是自始至终体恤孤儿的事业了。1934年出版的《重庆市私立孤儿院院务纪要》里有《重庆孤儿院之缘起》一文这样记载：

渝城为通商巨埠，不惟民殷物阜，而慈善事业亦蒸蒸日上，举其最著者，则有慈幼堂、育婴堂、保赤所之设然，考其立法，率皆有养而无教是为最大缺点。慈善家有鉴于此，思有以改良而完善之，于是乎有孤儿院之创设，渝中富商胜家公司经理刘君子如其发起人也。刘君为基督教徒，富于慈善思想，尝欲本基督博爱之心挺拔无告之孤儿，苦无良策。民国二年，君游历沪上，参观龙华孤儿院，见其立法完善，成效卓著，亟思仿办。

民国二年也即1913年，佛教大师苏曼殊陪同刘子如游览上海的龙华宝寺，之后又赴龙华孤儿院参观。院里那些活泼可爱、天真烂漫的孩子触动了刘子如内心深处最柔软的部分，常见到渝市孤儿孤女"既无所养，又失所教，流离载道，良堪悯怜"，他早就想着能为此做些什么；"一般的孤儿院均只收养孤儿，而龙华孤儿院，是收养兼教育"，这种教养兼施的慈善方式使刘子如眼界大开，由衷认同。

就当时全国范畴而言，熊希龄所创的北京香山慈幼院和张子宜创办的西安孤儿教养院声名最著，但无论是延续时间、救助孤儿数目还是院建规模等项，重庆私立孤儿院均不逊色。而最为可贵的是刘子如的身份与前二者不同，他们是政治人物退隐，有权势可借助，刘子如是商人，只能另辟蹊径。刘子如一直是孤儿院最大的现金财产捐献人，而且，更具远见的是，他在创办之初就建立了极其严格的院务规矩和教养兼施的办院宗旨。

他绝不允许任何人败坏院风和院规。孤儿院从创立到解放后收归国有的30余年里，从仅收40名孤儿到可同时收养近400名孤儿，从临时租用刘子如缝纫女校场地到占地5万平米的大溪沟张家花园院址，历任六任院长，一直保持着开办时勤俭公开的制度。刘子如一直不出任院长一职，仅担任处理日常事务和起督促作用的事务委员会主任委员，为了调动商界名流的积极性，他盛情邀约总商会会长汪云松、李奎安，银行家曾子唯、古绥之等担任院长。

曾历少年苦痛的他也绝不想仅给孤儿们一口饭吃，他希望教养兼施，培养出一批批有自尊有知识的社会有用人才，彻底改变孤儿们的命运。在他的主导下，院里注重实习与技能培训，开设工艺、农业、音乐等课程，创设工业室及图书馆，并组建重庆第一家少年军乐队。孩子们在这里不仅得到救助，而且都能学到知识并掌握未来求生的技能。数以千计的孤儿从此处走向社会，成就各式各样的人生，也留下无数佳话。

刘子如享受着这种快乐，他不仅领养两名孤儿，资助全国各地数十名孩童学费，而且还参与建设成都孤儿院，捐助美国传教士华启创办的成都华西中学校和成都永兴巷孤儿院。他对孤儿们的慈善义举不断进行着。

有这样一个未经证实的故事。创办孤儿院不久，刘子如在上海出差，被黑道帮会人员扣压，意图敲诈。被困时，刘子如坦言：

我是有些财产，但都在孤儿院。我收养了一些孤苦伶仃的穷娃娃，要为他们修房建屋，请老师来教他们识字、读书；请技师来教他们长大进入社会有个谋生的起码技能。他们都是我的儿女，我要让他们吃饱穿暖。我总想尽量节省每一个铜板下来再多收留一个孩子，但就是凭我个人这点能力是远远不够的，主要还是依靠社会上乐善好施的仁人君子们的捐助、支持，才年复一年艰难地走了过来。

若诸位豪杰愿发善心，我刘子如就当面道谢了！

一席话让这些江湖人士歹意顿消，这些人托人打听这个重庆商人确是救助孤儿的大善人，也就不再为难刘子如了。

即使是在被诬陷诈捐，令他感到百般屈辱之际，刘子如仍在自述里抒怀：

今后当侧重于全川孤儿院事业之推广，有一分能力，则尽一分责任，毁誉当无所计也。

尽管花费20余年心血培养的孤儿养女刘璧如已离散多年，从小培育的孤儿养子刘福田败光他所有的家产，但他内心深处的那份救助孤儿的热情始终没有磨灭。当年的随性之举，给家乡孤儿的一点捐助所留存的火种——青山孤儿院，又让年已七旬的刘子如的内心热了起来。

十三

故乡在记忆中并不全是温情的，但却令刘子如情牵梦绕，在奔忙中，他也用自己的慈善之举惠及此间。1902年，事业刚起步不久、稍有积蓄的刘子如在广泛的接触中，已洞悉无知与贫困是一对孪生兄弟；他想到了贫苦的故乡，想到了自己孤苦的童年，想起了因贫穷而无法上学的家乡孩童。

当年，他动员村民办起了有两个班的初级小学——青山双龙湾小学，聘请一名专职老师，为"新旧学兼教"，两个班学生的一切费用全部由刘子如捐助。1917年，小学迁移到一处叫威灵宫的庙堂内，扩大为两个复式班4个年级，学生近100人，增加了数名教师。所有的费用除向学生象征性收点书本费外，全由刘子如承担。1931年，刘子如动员乡亲一起捐献田产，创造条件又迁址到青山核桃湾的张家祠堂，正式更名为"綦桐南青山孤儿院"，并采纳重庆市私立孤儿院模式，邀请乡友士绅组成院董事会，自任董事长，共同捐助，规范校务。

张家祠堂三面环山，风景宜人，且规模宏大，周边空地较多，这是一块可为孤儿教育多做贡献的宝地。1941年秋天开始，回归故乡的刘子如把人生最后几年的全部心血投入到孤儿院的壮大和管理上。

为新修教室和增加设施，刘子如自己带头，首先号召增加捐助，一共募集了415石稻谷，按每石等于300斤计算，可兑换稻谷达124500斤。其中240石稻谷是由刘子如捐献。在当时物价飞涨、米价失控的情形下，孤儿院能按时给教职员兑付工资稻谷，让其他学校无比羡慕。有保障的优越条件吸引了许多高素质教师到院任教。

刘子如在家乡的示范效应和孤儿院的教育口碑让更多的乡绅参加到捐献活动中，回乡仅两年，全新的可以收留500名孩童学习及留宿的教学楼建起来了，接收的孤儿及学生覆盖了綦江县的大多数乡镇及毗邻的南平县南平镇。

从青山孤儿院走出来的孩子们很多成为成功人士，如后出任綦江县县委书记的李义、县政协主席的刘绪模等。所有的孩子们都记得与刘老爷子朝夕相处时的情形，印象最为深刻的是他的乐观诙谐和演讲口才。

天气晴好的下午，刘子如身穿笔挺的马褂，头戴瓜皮帽，站在操场上一脸威严，他目光犀利地扫视一遍全场师生，掷地有声道："同学们，今天给你们讲的是人要自强自立，好好学习，长大后才有用处。"停顿片刻，他大声问："是不是这样？"学生们异口同声答"是！"随即，刘子如结合自己的经历，开始层层推进地讲解。60年后，从事教师工作已退休多年的翁继良还在回忆：

全场可说是鸦雀无声，个个都全神贯注地听着。先生虽讲了近两个小时，仍然精神饱满，没有丝毫倦意，字字珠玑，确实是一位能说会道的演讲家。在我一生中所听的报告能与先生媲美者，真是不多矣。

刘子如抓住有限的时光与苦难的孩童们交流，他言之有物，言之有据，更重要的是他倾注了最大的热忱。按照他的估算，自己孱弱的身体本该60岁辞世，上帝已多赋予他近20年的阳寿，他知足了；他足以告慰自己深爱的国家和心中的圣父圣母，他虽然无法看到祖国的强盛，但他相信他所创孤儿院的数千名学生一定会看到。

此时此刻，他终于清晰地感受到，孩子们的笑脸才是对他人生的最高奖赏，其他均是浮云。

十四

虽然偏居穷乡一隅，但刘子如的善举还是惊动了政坛。

国民政府主席林森听闻刘子如的近况，由衷感佩，亲自为刘子如题写下"綦江县私立青山孤儿院"的匾额和一副七律中堂，1942年11月以贺刘子如72岁生日为由，特地委托曾任四川督军、国民政府参军长的吕超派人找到在重庆求学的刘福祥，让其带路送至金桥刘子如家中。

一生淡泊名利、不喜逢迎的刘子如与林森并无交集，是何动因让日理万机的林森为一个已退隐偏僻乡野的平民专门题匾献诗祝寿，并派专人数百里送达呢？

感动！这是唯一合理的解释。

此处有必要花些笔墨赏析一下林森撰写的这首七律：

> 西风吹送一帆斜，
> 树梢危蹲几个鸦。
> 两岸沙滩明如画，
> 又添霜月与芦花。

前二句借景喻时，自1941年底日本偷袭珍珠港后，世界战事全面逆转，进入1942年，中途岛战役，美军击沉日军4艘主力航母，日本海空军力量遭受致命打击，已转为战略防御；中国战场上长沙会战，中国军队以伤亡不到3万人的代价，击毙日军57000余人，创造当年远东反法西斯战场的最辉煌战果,日军在中国战场已损兵百万,抗战胜利的曙光初显。固守在十余个大城市的侵略者就似在摇晃将断的树枝末梢上"危蹲"的寒鸦,已是穷途末路,折腾不了多久了。

"两岸沙滩明如画",大江两岸,泛指中华大地。沙场形势已然清晰如画,抗战胜利指日可待,前景一片光明。

"又添霜月与芦花",霜月、芦花与首句的西风前后呼应,使景物、季节、年龄等浑然一体,诗意的韵味顿显。刘子如寿辰为农历十月初四,属晚秋初冬时分,霜月芦花辉映出金色美景,既表达对刘子如两鬓泛白的关切,又畅想抗战形势的如画前景。

学贯中西、博闻位尊的林森,用四句看似闲散飘逸的写景状物诗,倾吐了对刘子如的敬意和祝福。在风景如画的大地上,虽有危鸦搅局,但似美丽的霜叶与芦花般的子如先生必将光辉夺目,其精神也将香溢四野。

已75岁高龄的林森在诗中隐含共勉之情,次年5月12日,林森在重庆遭遇车祸,经抢救无效于当年8月1日离世。题赠刘子如的七律诗或许是他晚年极少的遗作之一,借用此中诗句来比喻林森的心境也十分贴切。

十五

再强悍的生命也无法抵挡时间的摧残,刘子如感到时日无多了。

1947年始,他还时而到城里,去老朋友李义铭的医院——重庆观音岩义林医院看病治疗,到了1948年,他连躺着让轿夫抬去医院的力气都没有了,只能在家中卧床休息。弥留之际,他面对刘福祥时还在提那些受苦的孩子:"直到今天,提到饿饭二字,我仍心惊胆战,那是要饿死人的哪!这个时候,不晓得还有多少穷人家的孩子要人帮助啊!"

1949年1月里的一天,刘子如"双手手掌朝下,顺身边整齐放平、放直,双脚笔直地伸展开来,不动了,直到永远闭上了他那慈祥的双眼",终年79岁。

回眸刘子如的一生,终身慈善直至清贫离世,当代人似很难读懂他的内心轨迹。但有一点可以肯定,就是除了他的宗教情结,归纳起来还有中华传统文化在其中的影响:

余今入基督之门,如悉大道不分中外,有何秘密,深望诸君择善而从。圣人曰:是道亦进,非道则退,此之谓也。

当然,最为难得的还是他的慈善情怀:

大凡与人有益之事,吾人应得提倡之,不可固执。人类改良,原是自觉自改,可行则行,不可行则旁观,但不久终归同化。即以前五十年之中国而论,不奉洋教,不读洋书,不穿洋布,不用洋货,今也则何如乎?余希望阅者诸君,作一服务社会之先觉者,较之为大总统尤觉快乐多耳。

格局和胸襟均在！他的灵魂已与慈善融为一体了，他无愧于"服务社会之先觉者"的自诩。

时光已逝70多年，刘子如创办的重庆私立孤儿院所在两个院址街道，曾就叫"孤儿路"和"孤儿街"，现已分别改名"富城路"和"人和街"；原有70多亩占地、房间140余间的院子也已经多次开发而面目全非；他曾牵头创办的重庆基督教青年会是当时主城区唯一的青少年文体活动聚会场所，除少部分区域作为群众艺术馆保留下来，都已改建成各类住宅小区，只不过那一带还被称作"青年路"。

十六

巴渝古城，涂山字水称秀灵。
蔚起人文，知多少奇特英俊，堪叹命运乖舛，有如孤苦伶仃。
噫，兀的小姊妹，兀的小弟兄，际遇迍邅，抑复何恨。
自古道，将相无种出清门，须尊重自己，莫辜负前程。

吾侪平民，同是中国主人。
列强虎视，看山河日就沉沦，听杜宇啼声声，兴亡恨古犹今。
吁，兀的小姊妹，兀的小弟兄，斯时何时，一发千钧。
快鼓舞，爱国爱群真精神，将暴邻打倒，求世界和平。

这是从1934年开始唱响在孤儿院各个角落的《重庆私立孤儿院院歌》，在入院孩子的心灵里播下了为国图强的种子。

两年后，一位来自四川自贡的12岁才入院学习的女孩，从这里毕业考入重庆南岸中学。5年的免费教育，使这个从小当童工被摧残的弱女子身体变得健康壮实，她不仅如饥似渴地掌握各种知识，也因接触中共地下党员身份的老师而很早确立自己的人生观。

这个女孩感恩于孤儿院的收养和教育，在刘子如最后就医的日子里，常常到病榻旁守候、悉心照料。而此时，她已是一名中国共产党重庆地下组织的负责人，一名坚强的共产主义战士。

几乎所有的中国人都能喊出她的名字，江竹筠——"江姐"。

参考书目：

★蔡佑祥：《重庆历史名人刘子如》，重庆出版社2009年版。

★曾建伟主编：《刘子如研究与史料选集》（上下册），重庆出版社2017年版。

★周秋光：《近代中国慈善论稿》，人民出版社2010年版。

★曾桂林：《民国时期慈善法制研究》，人民出版社2013年版。

★黄鸿山：《中国近代慈善事业研究——以晚清江南为中心》，天津古籍出版社2011年版。

卢作孚

卢作孚（1893—1952），四川合川（今重庆市合川区）人，创建重庆民生实业有限公司并长期担任总经理，在抗战时期曾兼交通部常务次长、全国粮食管理局局长。1938年秋，组织指挥宜昌大撤退，为国家立下不朽功勋。创立的北碚实验区成为当时乡村建设模板。著有大量文稿存世。新中国成立后曾任全国政协委员、西南军政委员会委员。1952年2月8日，于重庆去世，终年59岁。

"我对事业负有责任"

一

重庆北碚庙嘴，卢作孚纪念馆。入馆第一眼看到的是毛泽东主席的一段评语："谈到中国民族工业发展史，有四个人物不能忘记，搞重工业的张之洞，搞化学工业的范旭东，搞交通运输业的卢作孚和搞纺织工业的张謇。"

卢作孚是重庆人，他生于斯长于斯，主要的事业也在这里开展。在这片历史上的西部欠发达地区，以航运生意发展起来的他有着异乎寻常的声誉。他的这份声誉的高度和延续时长是企业界人士很难再企及的。不妨再读几段话。

有着这样服务成绩的人物，在美国的群众也许在下届总统选举中喊出："举卢作孚做总统！"在中国，让我们喊"卢作孚作行政院长！"照我个人的成见，中国需要一个做事的政府，中国需要一个有许多卢作孚人物的内阁，这样的阁员是以他办事的才能而入选。

此段摘录自林语堂先生20世纪40年代应美刊约稿的作品《枕戈待旦》。林先生是著名的作家、翻译家和新道家代表人物，自诩"两脚踏东西文化，一心评宇宙文章"，颇为自负，不会轻易给予别人如此高的评价。

一生以讲真话闻名天下的"最后的儒者"梁漱溟在自己行将辞世之际,不断撰写纪念已逝三十余年的老友卢作孚的文稿,并呈上献词:

余得结交作孚先生,在抗日战争军兴之后,而慕名起敬,则远在战前。忆我早年一次造谒周孝怀先生,曾闻周老赞誉作孚人品才能卓越不群,我既凤服膺周老,于老前辈之言,固铭记在心不忘也。我入川抵渝后,又幸得作孚令弟子英之协助建起勉仁中学校于北碚。贤昆仲之为地方造福、为人民服务者,固有目共睹、舆论共许,又不待我言之矣。民生轮船公司之创建暨抗战期间作孚先生所为种种奔走救济者,信乎劳苦功高,然而切莫误会他亦有个人英雄主义,相反地,作孚先生胸怀高旷,公而忘私,为而不有,庶几可比古之贤哲焉。

当世的企业界代表人物王石年已七旬,虽然登过众多的自然界的高山,却始终想着为青年创业者们找到企业界的"高山"。作为改革开放之后第一代创业者的他清楚榜样的重要,怀揣着这份心思,他一直在寻找。有一天,他认为自己找到了。

知道了卢作孚的故事之后,有一种心里终于有底了的感觉。觉得自己没必要妄自菲薄,不要跟胡雪岩去比,不要跟山西商人比,而应该跟卢作孚这样的商人比,这样就会觉得有希望。

2020年7月21日，习近平总书记在企业家座谈会上听取了企业界代表发言后，即席发表重要讲话，在对中国的企业家群体提出希望时，他提到了包括卢作孚在内的五个榜样：

从清末民初的张謇，到抗战时期的卢作孚、陈嘉庚，再到新中国成立后的荣毅仁、王光英，等等，都是爱国企业家的典范。

以上仅是近百年来无数名人，以及党和国家领导人给予卢作孚评价中的极少几条。想来，读者应对这位土生土长的重庆男人有了足够的兴趣吧。可遗憾的是，他仅仅在人世间度过了不到59个春秋，他去世那天离自己的59岁生日尚有两个月。

二

卢作孚生于1893年4月14日，与毛泽东、宋庆龄、梁漱溟同庚，卒于1952年2月8日，未满59周岁。当年新中国刚成立两年多，百废待兴，身兼全国政协委员和公司总经理的他正在忙于推进民生公司公私合营，这将会是毛泽东和周恩来亲自拍板的新中国第一个公私合营的样板范例。是何原因，让他在合营成功的前夜，选择悄然离去呢？

70年已然过去，谜团仍未全解。亲人和学者们都把卢先生的去世原因归结到那时的客观环境上，诸多细节的推敲研究和全景式的解读已产生了众多的文稿和书籍，但结论无非是当时复杂的环境因素造成卢作孚悲剧般的选择。卢作孚离世那天，五个儿女中唯一赶到现场的小儿子国纶曾无比悲痛地回忆："父亲做什么都太认真了！"这也是从性格角度上负面看待父亲的选择。

笔者通读了所有出版或刊载的书籍文稿，却发现另有一种可能，即卢作孚的离世，是他主观冷静权衡后作出的选择。这种选择不可能不受客观因素影响，但在那样的变局中，可以有许多种选择，为何卢作孚偏要选择自己独自离去这一种呢。

卢作孚并非懦弱胆怯之人。

他足够坚强。在生命历程里卢作孚常遇到很大的困难，就身体方面而言，他曾在上海连饿数日差点丧命，他曾在抗战期间由于过于劳累被勒令停止工作上歌乐山治疗达半年之久。他一直有迎难而上、决不退却的坚韧本色。

他足够勇敢。虽然卢作孚仅是一位身高1米6左右体重不足百斤的瘦削之人，但一点也不懦弱。他曾亲带一名部下深入匪巢摸敌情，为剿灭北碚周围匪患身先士卒，曾多次率民生公司船员驾船摸黑到与被占宜昌城仅相隔数里的三斗坪抢运战略物资，每一次无异于上前线御敌。卢作孚并不在乎个人安危。1932年2月，他在悼念北碚峡防局因公殉职士兵的悼辞里写道：为对死者英灵，乃愈提高吾辈勇气。人皆怕死，惟吾一群忘其死，庶几中华民国生机在此。

他足够理性。卢作孚首先是一名成功的商人，他思维缜密，精明强干，他曾领导国内最成功、规模最大的民营企业达20余年之久，创建了全国模范城市的样板"北碚",书写了上百万字的理论文稿,他绝不会莽撞行事、感性决策,对待自己的生命亦应如此。

按照他的生命轨迹推测,一定是有一种他已无法改变的局面或力量促使他作出这样的选择,而且即使如此抉择,他也决不会匆忙决断,不顾善后。他必须从内心深处说服自己,至少此举后续能有利于实现自身想达到的目的。

为明晰此中疑问,还得从抗战胜利后卢作孚赴北美购买先进轮船的那一笔生意谈起。

三

这笔生意发端于抗战末期,在当时看,对于亟待快速发展的民生公司和卢作孚而言,应是久旱逢甘霖般的机遇。

1944年夏,卢作孚与公司同人都认为,日本即将战败,在战争中提高了国际地位的中国,会进入经济大发展的时期,他在当时的《论中国战后》一文中写道:

抗战胜利以后,一切建设的障碍都没有了,只有举国一致的希望,希望着建设。

10月,由蒋介石亲自"点将",卢作孚作为中国工商界六位代表之一去美国参加国际通商会议。这次会议由美国四大商业团体发起,意在讨论世界战后经济格局，虽为民间交流性质，但所涉范围势必影响各国经济决策。中方代表还有代表金融业、化工业和进出口业的张公权、陈光甫、范旭东、李铭、贝祖诒等，均声名显赫且有高等学历或留学经历，唯卢仅小学毕业。

这是卢作孚的首次出国之旅，成行之前，他正酝酿着使民生公司成为世界级的航运企业，有学者在查阅当年档案中发现有卢亲笔列出的世界领先技术产品的各类清单，由此感慨：

> 卢作孚想的是什么？他想的是我国将来要造世界最大的航母、最大的舰艇，煤炭、石油、钢铁产量都要达到世界前列，成为现代化世界强国。他想的这些和他要使民生旗帜飘扬在大西洋、太平洋以及他的誓言——"白种人能做到的，黄种人也能做到"，"一步跨到世界前列去"完全一致。

在美国和加拿大的考察期间，卢作孚重点看了造船厂，对其先进的造船水平有了全新的认识。了解到加拿大造船厂的诸多有利条件以及加政府的资金支持政策后，他说服公司向加拿大银行贷款1275万加元，购置世界最先进的轮船，准备引领国内的航运事业。这笔贷款分别由加拿大政府和当时国民政府提供居间担保，由加拿大蒙特利尔三家银行提供资金，并选定加拿大造船厂制造12艘当时功能最先进的内河航行轮船。

没有想到的是，该笔借款需国民政府担保的手续，因把持财政大权的"国舅"宋子文从中作梗一拖再拖，直到蒋介石亲自出面斡旋才得以勉强办理……种种因素造成直到1946年底才完成各方签约。时间整整耽误了一年半。

该笔借款年利率为3分，1949年开始付息，每季度付一次，从1951年6月30日开始还本，分10年还清。这是当时加拿大政府给予中国民间企业最大的一笔资金支持，条件相当优厚。卢作孚曾感慨："欧洲一个国家还比不上我民生公司，丹麦、南斯拉夫、匈牙利只能向加拿大借到700万加元，民生却可以借到1275万加元。"其间，加拿大驻华大使欧德伦将军、著名华裔宗教人士文幼章等人均向加拿大政要详细介绍民生公司的良好声誉和非凡业绩，加拿大政府也给予了民生公司最大限度的信任。

但伴随国内战事加剧造成的经济形势恶化，卢作孚和民生公司的正常发展愿望落空了。购船需自筹部分外汇掏空了当时民生公司的积蓄，货币贬值又造成原定制造12艘如今只能制造9艘，船陆续交付后正逢战事无法正常营运，战火使这批新船交付后只能停靠在香港，成本高昂。诸多意外让卢作孚困难重重。而且从1949年3月开始已要求每季度付息，在变卖资产付了三次后，民生公司面临无力付息违约的危境。1950年3月，加拿大外交部长皮尔逊赶到香港约见卢作孚，虽对民生公司状况表示谅解，但在重新办理轮船抵押手续，并将新船改挂加国国旗后，仍严词要求卢作孚尽快妥善解决利息到期未付的违约问题。

后来研究民生公司的学者们都将这笔外债归结为民生公司出现经营困局的症结所在。1990年出版的《民生公司史》记载，公司决策层"不顾客观环境和债务偿还能力，一厢情愿，过热投资"。

挨过十四年抗战艰辛的卢作孚和民生同僚，在抗战胜利后急于发展壮大，实属极为正常的决策，只是谁能预测到二战后所有参战国都投入建设恢复经济的局面下，我国却陷入了激烈的内战呢。卢作孚与加拿大政府谈定贷款购船协议前后，国共两党的重庆谈判还在进行中，利于经济快速恢复的和平环境似乎已指日可待啊。

四

我草拟这一篇民生实业公司的小史，不是注视它如何成功，而是注视它如何经历艰难困苦，这一桩事业从降生起直至今天——也许直到无穷的未来——没有一天不在艰难困苦当中。我亲切地经历过，再亲切地写下来，应该有如何沉痛的感觉！

卢作孚在出国考察的前一年，写就18000余字的长篇雄文《一桩惨淡经营的事业——民生实业公司》，总结18年的创业历程。以上就是此文的开篇。

民生公司产生于民国十四年（1925年）重庆嘉陵江上游五十二公里的合川，选择其着手的事业为航业，正是在扬子江上游一般航业十分消沉，任何公司都无法撑持的时候，而不是在航业有利的时候。

1925年10月，卢作孚在家乡合川发起创办民生实业有限公司，本计划募集首批5万元股本，没想到发动所有的亲朋好友，即使2至4人合募一股，也仅凑集8000元。通过挪用公款、赊账、紧急贷款等手段并举，才终于购得第一艘仅有70吨荷载的小汽轮"民生"号，开始跑短途客运。可贵的是，股东们非常齐心且完全信任卢作孚。随后，通过建立信誉、化零为整、融债购外轮……一步一个脚印，到1936年，公司已拥有船只47艘、吨位2万余吨、职员3000多名、股东639名，成为国内首屈一指的航运企业。从创业伊始沿袭下来的规范架构使企业没有控股股东，股东结构均衡，公司各层级权责清晰，团队气氛十分融洽，效率极高。

对日作战以后，江阴封锁了，上海割断了，公司的业务即什九被割断。一部分杞忧的人们认为：国家对外的战争开始了，民生公司的生命就完结了；我的感觉，却恰相反，认定："国家对外的战争开始了，民生公司的任务也就开始了。"

全民族抗战爆发后，全国航运龙头轮船招商局和东部众多航企均陷困局，卢作孚带领民生公司全体职员积极抢运为国效命，承担起长江上的主要运输任务，为国家作出巨大贡献，尤其是1938年底的"宜昌大抢运"更是彪炳史册。整个抗战期间，民生公司克服了运费亏损、人员牺牲、船只受损等困难，一方面被社会各界公认为"救国公司"，声望鼎盛，另一方面借助合并中下游船企和国家贷款支持，规模得到进一步扩充。到1945年，公司已拥有各类船舶百余艘、职员近万名。

可如此辉煌成就的背后，已有隐患重重。

五

首先是民生公司的盈利状况不佳、管理水平下滑。

1938年之前的十来年，公司股东们既有股息且年年有分红，公司股本、资产和职员人数均增加了数十倍，可1938年后，虽然公司规模在扩大，却主要是靠政府补贴、接收缴获敌伪轮船和副业投资回报来勉强支撑。

> 自民国二十八年（1939年）以来即未分配股、红息，在对日战争完结之后，复遇国内战争，经济市场日趋紊乱，远甚于抗战期间。迄于今日无合理股、红息可供分配。半由同人办理不善，半亦由环境之太困难。

不赚钱不分红已很让人心焦，更让卢作孚心忧的是公司曾引以为傲的口碑受损。创业伊始，民生公司就以优质亲和的服务质量打开市场，逐渐在英美日等外轮企业和轮船招商局的夹击下站稳脚跟直至超越。有不少旅客为坐民生公司的轮船，情愿在港口留宿等候，旅客们普遍认为这种等候值得，因为坐民生公司的船有"一种自尊的舒适"。但随着管理的松懈、待遇的下降，民生良好的服务形象走向平庸，董事黄炎培曾因乘坐其他航运公司客轮的感受远胜民生公司而给卢作孚去信说："……不意民生堕落至此。"

航运企业管理水准下降常造成安全方面的连锁效应。1940年初，公司就出了两起重大事故：民生"建兴"轮在广阳坝撞沉"义隆"轮，死难达200人以上；"民望"轮在宜宾触礁沉没，客货损失惨重。《大公报》据此发社论道：

说到民生公司，它是有功于国家的。……但事业既大，组织遂弛，创业的精神难免失坠。我们不忘该公司之功，但也不愿曲掩其过；望该公司重振其创业的精神，兢兢业业的为国家社会服务。

其次是战后市场态势对民营的民生公司不利。全民族抗战期间，国营轮船招商局损失很大，实力大减，到抗战胜利时规模仅及民生公司的一半。因此对于战后的国内航运，卢作孚曾设想：

民生公司在国家整个航业筹划之下，也当然是主要负责的轮船公司之一。本着它战前的计划和现在的基础，扬子江上游仍应以绝对优势，保持行业上的长期和平，使不再发生残酷的斗争；扬子江中下段，它应是几个主力中的一个主力，使足以与它的上游航线联系；沿海它也许视能力参加，以与扬子江联系。

但事与愿违，国民政府发展国家资本经济、限制民间资本经济的政策，促使招商局短时间内通过大量接收敌伪轮船、扩展行驶航线、大批购买美加先进轮船替换旧船等方法，实力迅速扩张至民生公司的数倍以上，而且招商局采取高薪手段已挖走民生公司的大量技术骨干。

逆水行舟，不进则退。卢作孚和公司高层认为要在竞争中生存发展，只有通过扩充实力，重拾团队凝聚力。到加拿大贷款购船，就是拯救已处危境的民生公司的那剂强心针。

六

民生公司所有股东和核心管理团队，包括大多数职员认为，他们还拥有其他企业无可比拟的一个优势——总经理是卢作孚。大家在公司都尊称他卢先生，20年来的经验充分地证明了一点，只要有卢先生在，任何困难都可以克服。即便卢先生曾因国难当头政府征召，受命出任政府高官7年，公司仍只允许他办理请假手续，公司的所有重要事宜还是由他决策。

卢作孚的好友、当过国民政府行政院长的张群曾这样评价卢作孚：

一个没有受过学校教育的学者，一个没有现代个人享受要求的现代企业家，一个没有钱的大亨。

他提及了卢作孚教育家和企业家的形象定位，也指明了卢作孚是一个不追求物质财富的精神富有者。

卢作孚出生于四川省合川县（现重庆市合川区）一个贫困的靠贩布为生的大家庭里，母亲生育了10个孩子仅存活6个，他行二，按辈分取名魁先。小学毕业后，因家境贫寒外出边打工边求学，曾当过补课老师、小商贩、记者、中小学教员等；28岁时他得杨森提携，历任永宁道尹公署教育科长、成都通俗教育馆馆长。本属意启迪民智，图强民生，可他两次殚精竭虑的付出都因杨森的战败无功而返。于是他和志同道合的同乡商量走实业救国之路。

中国实业界的这位第一号奇迹创造者出生在一个卑下和微贱的家庭。……作为一个创造了眼花缭乱的成就的全国闻名人物，他却从未抛弃他在普通人民中艰苦一生所形成的个人简朴习惯和谦逊品德。

15年来他一直是以毫无争辩的权威指导着这个中国最大的轮船公司的政策，不是依靠拥有占控制数量的股份，而是完全依靠远见、聪明和无私奉献的力量。很明显，卢先生全部活动的推动力，是为他的祖国和他的同胞服务，而不是为了个人的利益和地位。

卢作孚很缺钱，公司创业时他拿不出一块银元。数年后，几个朋友凑了几千元钱帮他入股，当了个股份不足总股本1%的小股东，目的是让他能列席股东会董事会。

卢作孚似乎从不关注个人收益。曾有很长一段时期，他身兼数十个职位，包括多家大企业的董事长或董事，他领的薪酬和舆马费除留一份贴补家用外，全部捐给了学校、科学院、基金会等公益事业。

因为他的德行操守，军阀混战要讲和找他作见证；蒋介石咨询国事约他数次晤谈；抗战时政府征召他主持全国交通和粮食供应大局……因为他的声誉和民生公司的口碑，当时民生公司每周开朝会时，会前有半小时知识讲座，竟然陆续有数百位各界名流到场免费讲演，不辞辛劳，不顾场面，全部以此为荣……

公司上下对卢作孚无条件的信任，社会各界对他和民生公司寄予的厚望，让他始终感受到巨大的责任。

1943年5月，在抗战形势基本明朗、股东们迫切渴望改变现状的背景下，他终于辞掉全国粮食管理局局长和交通部常务次长的职务，回到民生公司复任总经理。在面对总公司全体职员的致辞中，他直奔主题。

就民生公司的经营状况加以检讨，指出到本月为止，公司债务已达一万万元，不足之开支，月前的办法是变卖公司资产，本月为挪用新增股款，挪用之数已达一千万元。对此严重局面"若不紧急救治，这一生命必有落气的一天"。……最后卢作孚引用诸葛武侯《出师表》受命于危难之际，及鞠躬尽瘁死而后已数语，"谓决心牺牲在这事业上，直至鞠躬尽瘁，死而后已云云"。

卢作孚已将公司存亡与自己的命运绑定在一起。随后精心策划及运作的出国购船本是极佳机会，若无意外应可一举扭转公司经营颓势，可惜三年多的内战让美好的愿望化为泡影。而且战火绵延使得定制的9艘新船只能开赴香港交货，这已是民生公司最重要的资产，卢作孚必须在香港为公司下一阶段何去何从作出决策，一道无人预料到的棘手考题摆在他面前，没有谁能替他解答。

七

1949年5月下旬，卢作孚带长子国维一家从重庆飞赴香港。其间，除少量几次回重庆处理紧急事务外，他一直在香港待到次年的6月份。

民生公司香港分公司此时已初具规模，从各地调转及国外订购的19艘轮船在运营着一些短途路线，管理人员和职员有近千人。虽然公司背上巨债包袱，但这批价值占全公司资产46%的船只被保全下来。卢作孚相信只要和平到来，轮船正常运营，公司就又有兴旺壮大的一天。

那一年间，卢作孚看上去很平静。有船员回忆，每天卢先生会准时出现在即将开航的船旁边，戴着雪白的手套摸摸扶手，检查卫生，下午轮船驶回时，卢先生也一定会站在码头上接船。

局势的复杂程度让他只能冷静面对。摆在面前，至少有三条路。

最明面的一条是去台湾。飞香港途中，经过广州时，卢作孚就拒绝了新任行政院长阎锡山请他出任交通部长的任命。在港期间，国民党方面继续力争他去台湾。当时状况是，国民党政府已将价值高、载量大的轮船强行征用去台湾，留在大陆的多是年久失修或载量较小的江轮，唯有民生公司尚存这一批性能好、马力大的先进轮船未去台，国共双方均极为关注。国民党方面打的是两张牌：一是情感牌，"台湾来客"接踵而至，均位高权重且与卢熟稔：张群、陈诚、俞鸿钧、叶公超，条件也足够诱人：主政财政部、交通部或其他部，完全由卢自己选择；二是威逼牌，卢作孚如果不去台湾，那么由国民政府出面提供贷款担保的那一批先进客轮"可能会有麻烦"。

其次，挚友晏阳初希望他考虑去美国发展。晏阳初有"世界平民教育之父"的美誉，是当时著名的教育家、社会活动家。因为共同的理想，晏与卢交厚，二人曾在重庆北碚共同筹办私立中国乡村建设学院。在二人均已离世的21世纪初，研究学者在哥伦比亚大学图书馆里找到了数封信函，函中详细记录了卢作孚对晏阳初诚挚邀请去美国共图未来的回应。虽然卢作孚决定不去美国，但二人交流间渴望中美关系正常化并愿为之共同努力的誓言仍让人钦服。

第三条路是留在香港，也属不错的选择。民生公司已经在香港站稳脚跟并获得市场好评，靠的是民生公司船只性能好和服务质量优秀。

那个时候，英国人在香港的船都是远洋航行中淘汰下来的小船，而后来的船王包玉刚、董浩云才刚刚起步，民生公司那么好的新船，当然极具竞争力。

卢作孚完全可以靠这批轮船在香港打开局面，逐渐占据东南亚市场，进而成就压在心底很久的航海梦想。包玉刚就曾跟友人开玩笑时说过，若卢先生留在香港发展，"世界船王"的头衔就不一定落在他那了。

不过卢作孚并未走这三条路。他坚决地选择了自己及民生公司的未来：回归大陆，参加新中国建设。

八

卢作孚对新政府是信任的，对中国共产党的能耐和理想也是无比敬重的。早在1936年西安事变期间，国共谈判后商议改组国民政府，一些核心部门双方各举一人组阁，唯有实业部长一职，双方同举卢作孚作候选人，可见卢早就为新政府所认可。民生公司内中共地下党员众多，包括卢作孚的秘书肖林就曾为党的经济事业作过突出贡献。卢作孚的许多挚友已积极参加新政府工作，如由他荐为民生公司董事的张澜、黄炎培二人已出任新政府的国家副主席和政务院副总理。

经中共香港地下党组织配合，由周恩来总理亲自拍板，卢作孚秘密派代表赴京就回国的相关事宜进行磋商。1950年3月25日的会谈，周总理亲自出席，存有详细的书面记录和说明附件，查阅可见卢作孚的真实想法，他在请求新政府帮助解决加拿大贷款等善后事宜的同时，详细分析了民生公司的赢利能力，用大量数据说明他携船回归一年半内，民生公司就可恢复良好的经营水准，肯定能正常甚至提前还清内外债务，为国家建设出力。为保障计划实施，卢作孚主动提出了公私合营的方案。

这时，他应该意识到，解决公司的债务、运输业务和内部矛盾的唯一的渠道，是得到新政府的支持，而且他深知，新政府面临的问题实在太多，如何尽快为公司找到一个能够彻底解决内部及外部问题的出路？这个方案就是：公私合营。

新政府表现出最大的诚意，在理解和同意卢作孚的想法建议的同时，一边继续磋商相关细节，一边着手安排人民银行放款换汇，用于支付民生公司所拖欠的贷款利息。

1950年6月10日，卢作孚秘密离开香港北上。

随后4个月里，卢作孚作为特邀代表参加了全国政协第一届第二次会议，被增选为全国政协委员；他一边协调交通部、中财委和人民银行继续拨款让民生公司走出困境；一边组织滞港船只陆续返回国内港口移交国家……

其间，毛泽东主席曾两次邀请卢作孚出席宴会，均安排他紧邻而坐，且有众多名流陪同。据同为西南工商巨子的胡子昂先生回忆，席间，周总理曾慎重地代表中共中央提出，建议卢作孚留京担任交通部领导职务，卢作孚婉言拒绝。

在这段时间，卢作孚最为用心的是与交通部商谈并签订《民生实业公司公私合营协议书》。针对民生公司相对复杂的状况，协议书上明确了一个过渡期和过渡办法，逐步整顿改组原企业，确定新的公司章程。

谁又能想到，由于双方对这一新生事物的不同理解，加之实施过程中的各种复杂因素叠加，两年的过渡期尚未结束，卢作孚却选择了告别呢？

九

卢作孚北上前，让其子卢国维留守香港，配合滞港船只脱困及处理香港分公司善后。在港时父子俩曾就出路有过交流。

你晏伯伯倒是一番好意，去美国环境比香港单纯，作为短时间安排不失为一个方案，但我对事业负有责任，怎能丢下就走，其实只要船不受损失，我什么也不怕。

"对事业负有责任"应是他选择回到大陆的根本原因。卢作孚有强烈的责任意识，创业伊始，他提议民生公司宗旨为"服务社会、便利人群、开发产业、富强国家"的时候，就把通过产业经营，履行对社会、人群、国家责任的重担挑在自己肩上。

这份责任感已融入他的骨髓，他从未懈怠。

本公司在过去抗战期间，经过一切艰难困苦，幸而凭抗战以前之基础,同仁之坚苦坚持,政府及社会人士之协力扶助,以勉强维系到胜利之日,员工待遇太低,无以慰职工;股东赢利毫无,无以慰股东。方冀胜利之后,秩序恢复,建设开始,商业逐渐繁荣,航运逐渐展开。……如果国家迅速恢复和平,每年当有稳定之收入,足够应对各种必要之开支,而且稍有赢余,以为股东保持稳定之利息,此则同仁愿黾勉以求趋赴。

这是卢作孚在1949年4月撰写的公司上年度决算弁言,作为公司总经理的他在这篇文稿中所表现出的超常责任意识,使得此文成为"中国经济史上的重要文件"。当国家尚无一个正常的经济环境时,无比在乎这份责任的卢作孚自然选择回大陆与大家站在一起,只不过他人生的弦已越绷越紧,他渴望尽快正常经营,保持赢利,偿还债务,让股东职员受益,给新中国添彩。

十

卢作孚的选择源于担负责任的承诺,可随之而来的经营状况却让他无法履行诺言。

从1950年至1951年,民生公司的亏损加剧,卢作孚想通过赢利还债的愿望不仅没有实现,反而还必须向新政府再举债维系运营。造成亏损的主要原因是战后市场疲弱和安全事故频发。

卢作孚非常重视安全管理,他曾说:"船的航行,第一是安全,第二是安全,第三还是安全。"可据《民生公司史》统计,1950年至1952年8月,发生了海损事故502件,死亡232人,大大超过了抗战时期,根本原因就是管理不善。亦或有因驾船回归交恶旧政权、特务分子居中破坏的因素。

还有一个更重要的因素,合营过渡阶段双方步调难以统一,效率下降,影响正常经营,症结即卢作孚及管理团队对公私合营的理解与新政府存在较大差别。后来兼任民生公司总经理的刘惠农曾回忆:

卢先生提出的公私合营和党的公私合营思想并不是同一概念。卢先生是希望政府作为公股,投资民生公司以使之渡过难关,公股代表只是参加董事会,并不直接参加公司的经营工作。我们党同意公私合营的目的,是要将民生公司这艘资本主义企业的轮船引入社会主义航道。因此公方代表不仅参加董事会,而且要起领导作用,彻底改革民生公司。

以股份制企业模式建立的民生公司必然会被改造,管理团队也就会出现较大的调整。而一贯以劳资和谐、股东合作、职员团结为公司灵魂的卢作孚一时难以适应这种改变。

时任西南局书记的邓小平曾明确指示公股代表:到民生公司去,凡是卢作孚同意的事就可以干,卢作孚不同意的不能干,总之一句话,就是要尊重卢作孚。卢作孚因此简单地认为不管沟通过程多么困难,他有充分的话语权,他的想法会得到充分的尊重。

在按步骤推进公私合营的过程中,事情发生了微妙的变化。

因为亏损局面让卢作孚无法面对曾竭力帮助他获得贷款的加籍友人(此笔贷款直到20年后才还清本息)。愧疚之余,他只能依靠新政府,通过借贷让公司活下去。

1951年11月,卢作孚给中财委主任陈云去信,谈至民生公司面临的采购原材料涨价、修理费愈益巨大、成本不足开支等困难,间接提出中央拨付资金支持的请求。可卢作孚迟迟未得到答复。

仅过数周,轰轰烈烈的"三反五反"运动开始了,企业经营又受到影响。

1952年1月28日,已是大年初二,卢作孚赶往北京。现存的档案无法查到那两天卢作孚的任何资料,笔者认为,应该与民生公司的资金纾困有关,因为此时卢作孚离辞世的日子仅差十天,他极有可能想借春节之机再作努力,可惜无功而返。

实际上,在卢作孚给陈云主任去信的第四天,中财委就民生公司事宜发函给西南财委时就明确指出:在民生公司未实行彻底改革前,政府原则上不再予以贷款,直至彻底改革时为止。

可惜卢作孚无从知悉此内部文件,为此还徒劳奔波了两个多月。

十一

最让卢作孚内心难以接受的是他曾引以为傲的公司人文氛围的变化。

民生公司存在与发展的基石一直是人。1931年7月，卢作孚在与同事的信函中写道：

天下事业之成，必有一批人披肝沥胆、推心置腹、以相纠其短、相携于义，此种精神亦正待吾辈倡之。

1933年4月，他以"股本小至于全公司的二千分之一"的"一位小小的股东"身份，在总结民生公司成立7年来的巨大成绩时，阐述了"公司的灵魂"。

有几个法宝或几个灵魂：
第一是努力。工作的朋友努力工作，投资的朋友努力投资。
第二是和气。从公司各部中看出职工的和气，从股东大会中看出股东的和气。
第三是以公司利益为前提。职工绝不舞弊营私，股东绝不多分盈余。
第四是联合同业。公司愿多利于同业，同业愿并入于公司。
第五是无数朋友的帮助。何北衡先生说：非民生实业公司，是民生朋友公司。

和气互助分享的观念就是民生公司的灵魂；卢作孚在文章结尾说：

要使民生公司有：无尽长的历史，无尽长的盈余，无尽长的前进，必须继续长养她的灵魂。

沿着这个思路，善于学习和总结的卢作孚创造出属于他的专用词"现代集团生活"，意指在家庭、亲戚、朋友、邻里之外的另一种生活。在重要文稿《建设中国的困难及其必循的道路》中，他写道：

只有这一条道路，只有运用中国人比世界上任何文明民族更能抑制自己、牺牲自己、以为集团的精神，建设现代的集团生活，以完成现代的物质文明和社会组织的一个国家，才可以屹立在世界上。

由于卢作孚的坚持，民生内部的各方面关系一直十分融洽，进而建立起极佳的公司人文环境。有一本《民生公司演讲集》的书里收录了上百位国内各界名流到民生公司的朝会作演讲的内容，如此多的著名人物以能与一个企业的员工共同学习分享为荣，说明这个企业有多么大的影响力和感召力啊。由于卢作孚的个人魅力，一直股份未超过公司股本百分之一的他却能始终领导着民生公司前行；也正因为此，抗战时，面对日机对长江上游航道的狂轰滥炸、每次航行都无异于上前线的情形，数千民生员工依然冒死在航线上奔波往返。

民生公司良好的人文氛围已然发生了变化：1946年卢作孚亲自到上海公司协调职员待遇问题失败，提出辞职请公司另择贤能；1947年公司曾为整肃内部风纪发出通函称："所谓谨严风纪者，至今已荡然无存。"推进公私合营的过程中,各种矛盾更加凸现。

就以卢作孚重要文稿《一桩惨淡经营的事业——民生实业公司》中所举的公司重要成员的命运为例:公司业务处经理、曾担任重庆轮船业同业公会理事长的邓华益以"年老体弱"为由被资遣(即辞退);主任秘书郑璧成因受卢作孚委托存放杨森财物的"杨森衣箱案"被捕,后虽放出但被开除;长期作为卢作孚接班人重点培养的副总经理童少生虽与卢作孚同处一室办公,但已形同陌路;有"川江第一船长"之称、独创三段航行法为抗战转运作出重要贡献的周海清,被打成"反革命"判刑8年……

民生公司作为之前国内最大的轮船公司之一,社会关系极其复杂,此时按照政策推行的各项举措,必然造成大量的职员甚至骨干被清理、处分、被捕,这无疑让民生公司曾经和谐的气氛严重受损。

一方面是大量优秀人才团队的分崩离析,另一方面是无恰当人选有效组织正常经营,对于这个有8000多名职员的大型物流龙头企业的现状,卢作孚作为总经理竟无能为力。

让他更为痛苦的是,还得不断接待这些曾风雨与共的团队成员及家人,居中解释与安慰。面对他们那种无比失望的眼神和求助无果的无奈情绪,他无言以对,痛不欲生。

若卢作孚仅考虑自己的前程,是可以随时赴京担任高级干部的。

1951年底,卢作孚在京参加全国政协第一届第三次会议,周恩来再次转达了中央的意见,希望他出任中央人民政府交通部领导职务,并告诉他在京的长期住处已妥当安排,劝说他其就此留在北京。卢作孚仍旧婉言拒绝了周总理的安排。

新中国成立之初，大量的民主人士在中央政府担任重要职务，其中，中央人民政府副主席张澜和政务院副总理兼轻工业部部长黄炎培，都曾出任民生公司董事，是卢作孚相知相交数十年的挚友。留在中央，他能在更大空间里为新中国建设作贡献，且能暂避重庆碰到的诸多麻烦，于国于家于己都有利，应该是当时卢作孚最佳的选择。

但卢作孚却绝不会考虑这条出路，因为他此刻心中只惦念着民生公司，在没有兑现对民生同仁的承诺前，一切个人的出路在他看来都是逃避。他不能容忍自己苟且偷生。

应该说，拒绝总理安排赴京，表明卢作孚已为承担责任作好了准备，不过他能开出的筹码，只剩下他这副不足50公斤的身躯了。

十二

种种迹象显示，卢作孚决定以独自担责的方式告别，思想上应该有一个从朦胧、到清晰、再到决绝的过程。

据作家赵晓铃了解，1949年间，卢作孚曾将在北碚医院拿来的两整瓶安眠药交给郑献征一瓶，相约备不测之需。郑献征是卢作孚在北碚创办的兼善中学第一任校长，后曾代理重庆大学校长，任过四川三台县县长。

1952年春节前后的反常行为，也说明了卢作孚已在做一些安排。

1月20日，卢作孚给小女儿写了一封回信，聊了家常后写下这样一段话：

　　但为了你今后的工作做得更好，遇事先打算清楚，想到一切成功和失败的后果，有如此次安排，先同人商量，期得更多意见的帮助。我所恳切告诉你的，是今后任何事情，都应照此次计划那样，有决定以前的从容思考和从容商讨，才能避免因陷在进退不得的境地，影响不仅及于工作而已。

　　有慈父谆谆的告诫，也似有明显的心境表达和今后规避人生风险的嘱托。

　　当月底，春节临近，卢作孚匆匆给二儿子国纪去信，催问给母亲寄的钱是否寄出。这同样很蹊跷，卢作孚夫妇平日十分节俭，为何此时会让儿子凑数百元寄回家？

　　卢作孚应该是在做辞别的准备。

　　像他这样对生活和事业充满热忱的人不可能对生命毫无眷恋，但冷静下来，一经决定，他也必然会对各方面的影响考量权衡，从而缜密安排诸多细节。他期望他的诀别不给任何人带来恶果，所以，必须让事情显得很自然，既能实现自己想独自担责的愿望，又不给自己关心的事业、友人、家人的未来带来太大困扰。

　　他从来就不是一位做事毛糙、举止无度、贸然行事之人。在决然离去和确定方式后，他需要做的仅仅是等待恰当的时机。

十三

1952年2月5日下午,卢作孚邀请邓华益到公司替他租用的民国路20号住所进行一番长谈。邓华益长卢6岁,生于基督世家,因出任英商白理洋行买办而致富,1927年成为川江上最具实力的华资九江轮船公司的老板。卢作孚永远不会忘记,在1930年民生公司最关键的"化零为整"一步中,正是邓华益在各航运公司疑虑重重之际,带头加盟民生公司并出任航业部经理,方才成就了川江航运统一、从外国势力手中夺回航运控制权的佳话。那一步对民生公司的壮大太过重要。而今,对民生公司有巨大贡献的邓华益却被资遣。邓华益后来回忆,从不送客出门的卢作孚将他送至门外,几次说,"华益,这些年来我对不起你"。

2月6日,正月十一,民生公司资方代理人要作"五反"运动个人反省报告,安排卢作孚发言。卢作孚认识到,这是他向民生同仁们告别的良机。

他从不宣讲自己,即使在声名最盛的时候,大量的记者守在他办公室前希望采访他,恳切地请求他讲讲自己的传奇经历以及背后的故事,他都一口回绝:

承你向社会介绍我们事业的发展,我是很感谢的,我要避免个人的宣传!

在他所著的《一桩惨淡经营的事业——民生实业公司》一书中,

记载艰苦卓绝的奋斗史的文字里，罗列了大量公司骨干的功绩，唯独没有提及自己。

既然已决定永别，卢作孚觉得有必要向同仁和世人吐吐心声。

应当感谢会议的记录者，认真记录了他的发言内容，甚至还标注了情绪和语气，遗憾的是后面有20分钟没有记录到。这个记录以《卢作孚的检讨》为题，保存在交通部长江航务管理局档案中心。

这份"检讨"一共两千余字，可划分为三部分，前两部分讲民生公司创建前后心路和一些经手的具体钱财情形，第三部分作了检讨：

我原有工作思想上是要走群众路线，接近职工，更喜欢从实际工作中走的，我以前每星期回北碚，实际是在北碚开会料理北碚的事务。我在北碚的建设虽有些成绩，但服务的对象是不明白的。

在做伪建设厅长时，我和实际工作脱离，公共生活不参加，公司也不来了，有事找副经理解决就算了。

话语中似乎有点敷衍检讨的意思。还是仔细读读他重点讲到的前两部分内容，因为这是他的最后一次当众告白。

且看卢作孚怎样回顾生平和表白心志。

第一句以"各位：我自问不是想当资本家来搞企业的（饮泣少顷）"开头，之后用1200余字共7个自然段的篇幅，讲述从小学毕业至20世纪40年代民生公司壮大后的个人状况，其中提到曾从事的职业：记者、教师、统计员、官员、企业家；也概述一路的艰辛和逐渐宽裕：借20元到上海找出路，曾饿3天差点饿死，第一份工资每月14元，够吃咸菜度日；后公司买车，自己生病住进医院，经常谈业务请客，"公私不分的错误"，"总觉得浪费些"；其中还提及帮助过自己的4个人：东翁（郑东琴，长期担任民生公司董事长）、杨子惠（杨森，四川著名军阀）、张公权（上海银行家）、周作民（天津银行家）。

透过平铺直叙类似聊家常一样的发言内容，有两句话应引起特别注意：

一句是："读小学时对数学特别有兴趣，把中学的数学课程都学完了。"

要懂卢作孚，必须要清楚他在数学上的专长，他甚至可以算是数学方面的天才少年。他没上过中学，但通过自学，不仅将中学课程学完，而且为揽家教多赚外快，编写了数种中学数学试题集，1914年，重庆中西书局甚至出版了他所著的《应用数题新解》，含四则运算揭要和118道应用难题解答，并附即将出版之著述计有：《最新中等几何学讲义》三卷和《最新中等平三角讲义》《最新中等代数教科书》。卢作孚在数学上所花的功夫让他在合川中学和江安中学担任数学教员时得心应手，也让他有可能在24岁时娶妻生子。

《万历十五年》作者黄仁宇曾在他另一本著作《我相信中国的前途》中，提及中国现代化建设的关键是"数目字的管理"意识的强化。卢作孚在数学上的天赋正暗合此论断，因为无论是民生公司的精细化管理，还是关系抗战成败的"宜昌大抢运"中的精准计算，无不看出数学专才在卢作孚身上所衍生出的巨大价值。

另一句是："我的思想受罗素的影响很大。"

伯特兰·罗素于1920年受邀访问俄国和中国，并在北京讲学一年。当时的报刊大量刊载了罗素的言论，罗素对中国的富强充满信心和期待。他在分析当时中国人国民性弱点的同时，充分肯定这个古老国度的巨大潜力。外表冷静内心火热的青年卢作孚从中受到极大的鼓舞，更加坚定地走上富民强国的奋斗之路。

"检讨"的第二部分主要是罗列经济往来及账单，约600字，9个自然段。

夹杂在一些表态与归纳之中的，是一些工作叙述及相关的经济往来数额。对公方面，主要是数笔业务费用和超规工资事宜，以及住酒店和应酬方面应改进的细节，稍嫌琐碎，但明确澄清："我脱离群众是事实，可是接近我的几个小群众是没有脱离的"，以保护他周围的骨干职员，他强调工作中"我所经手的事绝不让人贪污"。对私方面，出国回来给孩子们带了礼物、在北京请客看戏都由其私人开支，需要讲清楚，公司赠送的股票依法依理应还给公司（此伏笔在两天后遗言里兑现）。

这部分提到两人，分别是抗战期间长期担任代总经理的魏文瀚和卢主要的助手、当时民生公司唯一的副总经理童少生，提到两处地点：广州爱群酒店和北京禹华台，目的很明显，以证明自己所言非虚。

此处，可是有人会问，为何笔者这么肯定卢作孚的这次讲话不是应付会议需要的所谓检讨，而是他计划离去后的辞别宣言呢？

因为此次会议将有民生公司所有中高级职员列席。多年来卢作孚从未正式地对自己进行小结，总结自己的生命历程、自己的操守底线等等；此时，他不想谈理想和抱负，因为之前谈得已太多，公司的文件和内部刊物也宣讲了很多，此刻，他只想给曾朝夕相处、风雨与共的团队谈谈自己。

有至为重要的两点，卢作孚想借此机会说出来。

第一点，他不是想当资本家才搞企业的。卢作孚一生只办过一个企业，就是民生实业公司，其他所有企业都是以民生公司来投资或参与的。那么他为何搞民生公司呢，答案不言而喻，公司宗旨上写得明明白白，为群体、产业、社会、国家。他想告知所有人他的初心从未改变，无论如何，大家不能对此有误读。

第二点是他的财富观。发言中记录了这样的一段话，这段话清晰坚定，绝无半点拖泥带水：

我一生没有土地，没有私人投资，私人没有银行往来，没有回扣，没有受礼物，对公司有时有点欠支但立即扣还。

这不可能是检讨，这是一位担任中国当时最大民营物流企业集团总经理长达27年的中年男人的真情告白。这家公司总资产达8400多亿元（旧币制），员工近万人，投资了上百家企业。他逐字逐句、一清二楚地告诉在座的所有人，包括同事、新老股东、不理解他的人，这是他的原则底线，他不允许任何人在这个领域诋毁他，泼他脏水。其实这也是他在一个多小时讲述中最为关键的内容。

发言中还有一点很重要的内容，就是他对民生公司下一阶段工作的担忧和建议。可惜记录者欧阳平因故漏记，无比遗憾。但欧阳平不经意间的一句备注："以后约廿分钟因印刷厂的工人找我谈话，我没有听完，及我回到房内听他说公司懂船的人太少了，语气有些伤感。"仍然透露出宝贵的讯息，卢作孚在后面的发言里花了时间谈公司管理，并表达了忧虑。

这就完整了。在阐明心志、表白底线后，卢作孚还是期盼民生公司会更好。可以由此确定，这绝不是一份检讨，而是一篇完整的辞行书。

反复通读此篇发言记录稿，有心人均可读出一个决心辞别之人的复杂心境。面对众多误解甚至是诬蔑的悲愤，夹杂着卢作孚对生命与事业的不舍，即便是历经磨难而从未胆怯退缩的他，也会一泣再泣。但回顾一生的历程，也不免欣慰，他已觉不负此生。同时又必须重申，他绝不会逾越底线。

卢作孚给后人留下了一百多万字的书稿、言论、著作和信函，这一篇由他人记录仅2000余字的最后发言稿，应是他最为用心的表达，需要后来者认真咀嚼。

十四

1952年2月6日的会上，仍有个别干部对他当面提了意见，批评他好大喜功，做出让企业无法负担的借外债的错误决策，并说离了他，公司一样可以搞好云云。卢作孚知道事态的发展必然会到这个地步。当天下午，他去了"民铎"轮失事现场，望着滚滚江水与破损的轮船沉默良久，"一句话未讲"。他最在乎的安全管理已完全失控。有一次碰到海损沉船，一向沉着的卢作孚曾在办公室当场号啕大哭，而面对这一年多来的"事故平均每二天一次"的公司安全状况，他却沉默了。

2月7日上午，卢作孚去西南军政委员会，拜谒了担任中共西南局第一书记兼西南财经委员会主任的邓小平，路上还碰到了胡子昂。胡先生并未发现什么异样。当天中午，邓小平留卢作孚一起用了午饭。因两位当事人都已故去，已无法知晓那几个小时交谈的详情，但可以肯定两点：卢作孚提出了辞去西南军政委员会委员的意愿，并交还委员证章；卢作孚没有谈及永久辞别的话题。但笔者相信，后来的岁月里，同是川人且受重庆工商界资助去法国勤工俭学、从而走上革命道路的邓小平一定会忆起卢作孚临别前的那一番倾诉的。

2月8日上午，民生公司召开由市总工会和公司工会联合主持的"五反"坦白检举大会，会场上对个别公股代表和卢作孚都提了类似浪费、有不当情节的意见，提意见的人包括卢的服务员（即秘书）关怀。会后在自己的办公室，他对关怀说，讲话要实事求是。童少生当时也在，却一言不发。卢作孚明白，群众运动的洪流将冲他而来，他已不能再等。

下午在秘书科详尽交代"民铎"轮的施救方案后，5点钟左右，他回到家中，告诉家中厨工、保姆说：他很疲倦，需要好好睡一下，招呼孩子（5岁长孙）勿吵闹，也不要唤醒他。

当晚11时40分，卢作孚因服用过量安眠药去世。曾有亲历者记录情形：

卢身体原甚瘦小，形益孱弱。惟死后面部安详，呈沉睡状，似早下自裁决心。

十五

卢作孚在床前留下了两张手写的字条。

第一张纸条大意是：公司家具交还公司，股票捐献国家，存款5000万是立信学校的，今后一切靠子女。无疑是写给妻子蒙淑仪的。

蒙淑仪比卢作孚小7岁，1917年婚嫁时是一位缠过小脚、不识字的传统女性。她节俭朴素，勤劳善良，与丈夫相濡以沫，共同哺育了5个优秀的子女。她开心于新社会的变化，对丈夫的异样从未察觉。当晚去参加妇女互助会活动，直到8点多钟才回到家，是她第一个发现了丈夫卧床未起，不同寻常。

"股票捐献国家"意指将卢作孚及家人持有的民生公司股票全部捐出。民生公司创立时，卢作孚无钱参股，一直不是股东。1929年，刘湘决意扶植一家华资航业公司做大，合并川江上的小公司，与外国轮船公司对抗竞争，确定由民生公司牵头后，为使卢作孚成为享有董事会表决权利的董事总经理，刘湘授意友人借款5000元给他作股金。之后，董事会为奖励卢作孚的贡献，又少量赠股给卢家子女，但卢家人从无实际获利。据可查的资料显示，此时卢作孚及家人股票共计4937股，仅占总股本的6‰。遗言将这些股份捐给国家，表明卢作孚对公司利益从无所图。

"今后一切靠子女"意思十分明确。卢作孚对5个子女的教育虽然花费的时间精力有限，但效果极佳。他们均已成年，经过自身努力考上名牌大学且毕业有了工作，长子国维已育有子女。他相信孩子们能孝敬好母亲，相信贤惠的妻子和优秀的孩子们最终能理解他，并代替他继续为这个国家服务。

如今，物资极其丰富，法律日趋健全，当代人很难设想一个人离世时叮嘱一些极琐碎的事情，如还家具、偿借款，而在那个年代，却是常态。其背后既表明在乎声名清白，又蕴含"不给别人添麻烦"的底线思维。翻译家傅雷夫妇离世时所托亲人办理13条杂务的遗书更是典型例子。

十六

随后的几天里，在民生公司和卢家举办了小型悼念活动，政务院和西南军政委分别派代表来慰问，出殡安葬安排在2月12日。

2月11日下午，邓华益带着仅12岁的儿子邓安澜到卢家，要求打开棺盖向遗容告别，他哭得极为伤感，让其子跪在地上叩了三个响头。邓华益痛哭中说道：作孚该听周总理的话，留在北京就好了。

卢作孚的死，让绝大多数股东和职员们悲痛万分，也让所有对他的不满和埋怨得以平息。当时最重要的私股股东曾俊臣的一位后人说,那辈人对诚信看得比性命还要紧,很多股东都认为,卢作孚是对股东们做了承诺却无法兑现,所以便一死以谢股东。

无论如何,卢作孚离世让民生公司的许多矛盾迎刃而解了,一千亿政府扶持资金很快到位,公私合营的步伐加快推进——中央政府决不允许这个公私合营的典型胎死腹中。1952年9月,交通部批准民生公司正式实行公私合营,更名为民生轮船公司,专营航运。1956年8月,公司全部并入国营长江航运管理局。

卢作孚的不幸离世,也让党中央对"三反五反"运动中的具体落实方式进行调整,并尽快结束了进一步的安排。

尚在香港工作的卢国维,在得知父亲去世的消息后,没有任何犹疑,立即与妻偕一双年幼儿女返回大陆。他及卢家的其他亲属亲人都幸运度过了后来的一系列运动冲击。也许卢作孚的自戕,让所有可能的伤害得到了缓冲。

担任政务院副总理的黄炎培,与卢作孚已有近40年的深厚情谊,得悉噩耗,写就感人泣下的《卢氏作孚先生哀词》:

呜呼作孚!君为一大事而死乎!君应是为一大事而生,君以穷书生乎无寸金,乃大集有钱者之钱,以创"民生"。辛辛苦苦了卅年,长江几千里,内河几十道,平时载客载货,战时运械运兵。责在人先,利居人后!有罪归我!有功归人。奇难大诽集中于君之一身,君为何来?为的是国家,为的是人民。终得以黑暗中眼见光明,眼见全大陆的解放,眼见大中华的复兴,还运最后的奇谋,七大艨艟,完璧归赵,而不归功,而不求名。

呜呼作孚！君其安眠吧！君实为此大事而生。作孚！作孚！我是君卅年之老友。我以爱君敬君之故，曾历访君早年事迹于北碚，于泸州，于少城。又曾多次为"民生"乘客，实地察君所经营之事物，所识拔所训练之人，识君之抱负，惊君之才，知君之心。

呜呼作孚！今乃为词以哀君之生平。君其安眠吧！几十百年后，有欲之君者，其问诸水滨。

中华人民共和国人民政府成立第三年
一九五二年三月十四日君殁三十六日

为何要到"几十百年后"？黄炎培应该是对在有生之年能否看到卢作孚被公正评价抱有疑问。

十七

黄炎培的预言不幸言中，让国家重回正轨的党的十一届三中全会的召开已是25年后。1980年四川省委统战部以文件形式给予卢作孚高度评价。1984年，民生公司在卢作孚次子卢国纪主持下重新创建。1999年，卢作孚与蒙淑仪合葬于北碚公园"作孚园"，瞻仰者络绎不绝。两位百岁老人、卢作孚的好友梁漱溟和晏阳初在人生暮年不约而同地忆起这位伟大的同龄人，两人为卢作孚留下"作孚先生胸怀高旷，公而忘私，为而不有，庶几乎可比古之贤哲焉"和"生我者父母，知我者作孚"的评语。

在充分肯定卢作孚功绩和德行的过程中，他的自杀辞世，似乎总像一团迷雾笼罩在世间，让人们踟蹰不前、欲说还休。民间衍生出的"贷款隐瞒说""服务员批斗说""有意延误说""特务陷害说""袍哥身份说""操守不检点说"等说法到处传播，一时众说纷纭。

甚至有人推断，卢作孚何必商谈公私合营，直接发动公司上下像有些资本家一样将民生公司献给国家，不就"皆大欢喜，功德圆满"了吗？其实卢作孚没有这么大的能耐，民生公司的决策机制决定了他这位所占股份仅为总股本6‰的总经理，只能在股东会和董事会的决策框架内尽职工作，而并不能作出违背大多数股东意愿的任何决定。他是凭借品格和才干操盘，并非什么"大亨""资本家"，当他无法履职且无法兑现诺言时，"责任意识"让他只能选择独自担责。

他选择无声离去这个简明的方式，虽然伤害了自己，却为他人和事业留下最好的结果。数十年后再回首审视他去世后公司和家人的结局，应能读出他的深意。

他留下的第二张纸条也给了提示，只是极少有人提及，张守广在《卢作孚年谱长编》中记载：

另一张内有"脱离群众，脱离实际，只求扩大，不求健全"等内容。

这表明卢作孚决意独自担责，这不是委屈，更不是气恼，而是平静思考后的担当。虽然结果让后人不愿直视，但绝不应该漠视甚至臆断其他。

难道我们相信英烈们能够为解放事业慷慨赴义，相信两弹元勋们为国家安危抛弃一切，相信哲学家们为追求真理静对死神，相信文学家们追寻生命真谛淡然赴死，却不相信卢作孚能为责任的承诺而牺牲自我吗？

如今的人们喜欢谈论企业家精神，而且常用某些西方国度之例证来诠释。其实中国自古并不缺乏此类精神，只不过我们常常忽略。张宏杰在《中国国民性演变史》一书中将古代富有贵族精神的代表人物的特质归纳为：一是勇敢，二是重视荣誉，勇于担责。实际上这正与企业家精神同质。而卢作孚身上所闪耀的也正是这种精神。

卢作孚用他的悄然离世给了我们最好的人生答卷，后人们不应以自己的各种解读而让卢先生的高贵品格蒙尘。卢作孚选择了从伯夷、叔齐以来古之高洁之途，慨然撒手人寰……这不一定是最好的结局，但是最合理的结局。

有一种死，比平凡的生更伟大，更永恒。卢作孚用他的死再一次提示我们，应该明白活着究竟是为了什么。试想卢作孚在复杂纷乱的局势下苟且偷生，甚至远离喧嚣独去京城，明哲保身，那他还是卢作孚吗？假如他留在民生公司而不置可否，那么历经随后的各种运动折腾，那个伟岸照人的"卢先生"形象还会存在吗？答案不言自明。

十八

上天之载，无声无臭。仪刑文王，万邦作孚。

——《诗经·大雅·文王》

"作孚"一词典出诗经，意为"信从、诚信"。熟读古籍的卢作孚在酝酿和创建民生公司的而立之年，择此名行走于世，绝非偶然。守信重诺已成为他的人生信条和生命底色。虽然遗憾于他在人世间仅仅走过不足60个春秋，但他生命的丰沛和留下的精神财富业已足够卓尔不群。

2020年7月21日，习近平总书记在企业家座谈会上提到卢作孚等企业家的榜样时，曾论及向他们学习的五个方面：爱国、诚信、创新、有国际视野、担负社会责任。这恰是对卢作孚一生的最佳诠释。

参考书目：

★卢国纪：《我的父亲卢作孚》，人民出版社2014年版。

★张守广：《卢作孚年谱长编》，中国社会科学出版社2014年版。

★赵晓铃：《卢作孚的选择》，广东人民出版社2010年版。

★刘重来：《卢作孚画传》，人民日报出版社2014年版。

★张守广、项锦熙主编：《卢作孚全集》，人民日报出版社2016年版。

杨粲三

杨粲三（1887—1962），祖籍江西南城县，四川江北县（今重庆市江北区）人。作为重庆杨氏家族继承人，曾担任川帮最大银行的聚兴诚银行总经理20余年，长期主持行务，并兼任重庆证券交易所首任理事长。新中国成立后曾任公私合营银行联合总管理处董事会副董事长，四川省政协常委等职。

无法完成的家族使命

一

1919年的8月间,虽已立秋,但重庆的天气依然酷热。聚兴诚银行的第一代掌门人杨文光躺在病榻上陷入了沉思。眼见着开业4年有余的银行生意兴旺,自己的身体状况却一日不如一日,自觉时日无多,这个事业怎么交托才能让自己放心呢,这可是辛苦打拼50年的心血啊!

杨家世代经商,从江西迁居重庆江北,家境一直殷实,未料想杨文光父亲醉心功名,终致家道中落,靠教书糊口。杨文光17岁从商号学徒干起,勤俭好学,抓住一切机遇终成为巨贾。当时重庆城里传诵着"三杨开泰"的佳话,就是讲述当时的票号帮杨文光、棉纱帮杨佑庭、药材帮杨廷五三位在渝白手起家、积聚百万家财的传奇故事。

更让人称羡的是杨文光这一户人丁兴旺。杨文光是一个家族观念极重的人,所属"焕"字辈共四房,子侄男丁有10个,仅他这第三房就有5个儿郎。能够领着全家族人抱团发财是他坚持了一辈子的信念,但男丁众多也免不了一些烦恼。

大约15年前,杨文光就已着手布局家族事业的接班安排。

1904年,在稳住聚兴仁商号等原有生意之余,他拨了专款开办聚兴成商号，交与长子寿宇、三子粲三负责，有意磨炼他们；同时又送少有大志、学识不凡的二子希仲和四房侄儿杨芷芳远赴日本、美国攻读商科文凭，着眼长久发展。看到子侄争气，各项事业顺风顺水，杨文光宣布于1907年退休，实则让后辈在商海各展其能，自己在幕后掌控审视。

然而人算不如天算，首先是被寄予最大期望、德才俱佳的长子寿宇体弱多病，竟于1908年辛劳成疾英年早逝，不得不让仅20岁的老三粲三接任聚兴成商号经理。再者，日美留学9年学成归国的希仲虽一手主持了聚兴诚银行的开办并担任总经理，但开业4年来却始终无法总揽大局，行务管理和赚钱业务的推动还得靠任协理（即副总经理）的粲三发挥主导作用；这哥俩在父亲面前虽显得相安无事，但老于世故的杨文光分明感觉到他俩的性格相冲、貌合神离。

这个隐患不妥善解决，再大的家业传承下去都有风险！循常理当然是二子希仲接班，但杨文光知道这一步不容有失。他脑海里反复比较着这两个儿子的长短，心里总不免犹豫，粲三那耸着肩膀、硬着脖颈的倔强身影不时刺激着他的神经。

二

杨粲三似乎注定就是为经商赚钱而来到这个世界的。

周岁那年，在杨家例行的"抓周"定前程的仪式上，他在满盛书、笔、剪刀、点心、水果、算盘等物的漆木盘里，用肉嘟嘟的小手毫不犹豫地抓住了算盘。

"绝不能浪费了这块好材料。"杨文光暗自思忖，在随后的日子里杨文光也就有意识地打磨他。杨粲三用一生对创富的专注回报着父亲，他只对怎么赚大钱怎么发财兴族感兴趣，丝毫没有其他的嗜好。

经过常规的儒学经典的私塾学习后，杨家子侄都会被安排到商号去当学徒，以熟悉一些商业的知识和行规；虽然与兄弟们经历相当，但杨粲三从小就显出极大的不同。他从商号喧闹、繁杂、琐碎的氛围里嗅出了商道的乐趣，他毫无富家子弟的纨绔之气，打算盘、辨银子成色、理货、填进出单据，所有商铺的基本功，样样他都学得津津有味，很快就能上手，没过多久就和伙计及商号师傅打成了一片。

杨家的基业是由杨文光这代创建的，主要经营商号和票号。由于信誉好、渠道广且把握住了几次清末川内动荡时期货物紧缺囤售的机遇，便造就了聚兴仁商号的金字招牌。起初，为了培养长子寿宇，杨文光又创办聚兴成商号让他当掌柜，同时，将刚满17岁的粲三送出夔门，到各分号去督办商事，熟习市场。粲三这一回出川，历练了4年有余，大部分时间待在远比重庆商贸发达的汉口和上海两地，极大地开阔了眼界。

1908年杨寿宇病故，杨文光急召杨粲三回渝接掌已初具规模的聚兴成商号。

从那时起，年仅22岁的杨粲三便将家族发展的重担压在了自己的肩上。虽父兄尚在，但杨粲三心里明白，他胸中那股闯出一番大业的激情是不可阻挡的,就像即将踏进敌阵中的赵子龙一般,自己既有那个能耐,更有那个胆量,"万人丛中,取敌将首级,如探囊取物",他杨粲三终将成就一世英名。

三

回到重庆,杨粲三跟父亲讲的第一件事,就是改商号名,将聚兴成的"成"改为"诚",他解释道,经商要发达,关键靠"诚",诚则人聚,人聚则财聚,一字之改,境界天壤之别。杨文光颔首称许,感受到了老三的不同凡响。

得到父亲的信赖和支持后,杨粲三对商号进行了全面整理。首先是拔升票号业务。

票号产生于清乾嘉年间,最早在重庆设庄的是山西平遥人雷履泰,他所开办的日升昌本是一家颜料商号,总号设在天津,因要采购一种出产于四川的铜绿颜料,故在重庆设分庄。后感到运现银到川付货款太不方便,他才想出一个就地吸收现银、异地可结汇的法子,既节约现银运送成本,降低路途风险,又可赚取银两汇兑利差。票号就这样办了起来。自此,山西帮商人开办的商号,如经营绸缎的蔚盛长、经营茶叶的大德玉等均来重庆设庄,仿日升昌的办法开办汇兑业务。山西票号不久后即遍布全国。到杨文光发家时,重庆的票号已有20余家,每年汇款达数千万两,汇水与利息收益极为可观。杨文光创办聚兴仁后也仿票号的方法,以商号名义办理存款、放款及汇兑业务，只是规模不大，获利无法与买卖货物的利润相比。

杨粲三接手聚兴诚商号后，在增设分庄扩充网络的同时，一面放手低利吸收存款，用于商业，利市数倍；一面大力办理汇兑，使汇水收益大增。又通过运作取得了代收川北盐税的特权和为重庆铜元局购销铜料、铜元的业务，汇兑收入大幅增长，一跃而成商号的主要业务。到民国初年，聚兴诚商号每年经营存、放、汇兑的总金额已近一千万两，所获利润跃升商号首位。

在购销商品的传统生意上，获利关键在于业务熟、信息准、本钱多，杨粲三也不遑多让。俗话说"马无夜草不肥"，杨家的暴富与抓住机遇息息相关。在那个战乱时代，部分商品价格受时局变化的影响极大，若能看准时机，低进高出，极有可能造就致富神话。1898年大足人余栋臣发起反清灭洋起义，声势遍及川东，各商号急于逃难抛售存货，杨文光准确预估，大胆吸货，仅数月后起义平息，杨文光以正常销价出货，从而赢利数十万两，一举奠定杨家殷实之基。但自那之后，曾经信奉"要得富，险中做"的杨文光却一再告诫自己要谨慎。不想，十余年后的辛亥革命烽火烧到川东，又一次机遇来了，而这一次的主角是杨粲三。

1911年5月，四川爆发保路运动，这是当年10月武昌首义的真正导火索，作为革命党西南活动中心的重庆到处弥漫着紧张气氛，人心动摇，诸多商号抛货变现，物价下跌。杨粲三在上海坐庄时认识的同盟会会员童文琴兄弟三人的信息不断传来，局势瞬息万变，他密切关注这场革命的走势，与父亲商议，决定再一次采取"人弃我取"的策略，集中资金大量囤积货物，等待时局转安获利。他判断形势马上就会稳定下来。

等待的数月间，24岁的杨粲三毕竟年轻，常常坐立不安，忧愁之色也挂在脸上，杨文光到底多次历险，自然稳得住，便让儿子切勿心焦，常约粲三下棋静候。当年11月底，局势明朗，辛亥革命成功，蜀军政府在重庆成立，市场需求一下子就旺盛起来，杨家所囤积的物资被一抢而空。此举让聚兴诚商号又净赚数十万两利润。

事后，杨文光进一步看出粲三的心智老练。各界朋友眼见聚兴诚时来运转，不免心生嫉妒，假意奉承之时，杨粲三却极力掩饰说：当时从上海正巧订购许多货物，因电报局把退货的译电漏发，许多货物这才发过来，造成积压，绝不是蓄意冒险之举，纯属运气、运气啊！

不过，让杨文光更牵挂的是万里之外的二儿希仲。这个孩子宽厚聪颖、勤朴敏学，本已在日本岩仓大学铁道专业攻读5年，杨文光又去信让他转赴美国伊里诺研究院和芝加哥大学攻读商科。1913年，希仲即将学成归渝，杨文光准备将这偌大的家业和家族长盛的责任传承给他。

四

杨粲三明白父亲的深意。他这辈的亲兄弟、叔伯兄弟在杨家各项事业上打拼的就有10位，虽然杨家人丁兴旺，群体实力傲视山城，但老父已近六旬，前路坎坷莫测，群龙无首终是危险重重。他便积极地向这位长他5岁的希仲二哥靠拢。

杨粲三从小就佩服二哥才思敏锐，识见过人；杨希仲出国深造期间，粲三更是不断地与其通信。杨家经营的商号兼票号业务，虽属行业翘楚，但无非是"做银子、做汇水、盘利钱、赚差价"等老套路，希仲在信中反复指出，杨家商号兼营的汇兑存放生意就是银行的主要业务，靠商品流通赚钱绝比不上靠信用往来营利的银行，开办银行并逐步成为像日本三井一样的财团更利于家族长久的发展。回忆起那段情景，杨粲三在后来的《祭希仲三兄文》里写道：

家书一月数至，皆详述三井之演进擘划，条陈报告，设虑周细，先父接阅，私心甚喜。

他和杨希仲之间：

彼此研讨印证，不遗余力，倾信之诚，崇拜之笃，与日俱增。

1913年5月的一个晚上，杨文光召集全族成员会商聚兴诚银行的创立事宜。归国不久的杨希仲首先发言分析，自光绪十七年（1891年）开埠以来，重庆已成为中国最繁华的六大城市之一，工商业繁荣所需的物流量逐年增长，可重庆的金融业却极不配套，国办交通银行、中国银行不办理私人业务，地方官办浚川源银行已瘫痪，之前遍布的山西票号也因清政府垮台而消亡，偌大一个重庆没有一家为正常商业往来服务的银行，这是极佳的开办银行之契机。杨粲三随即发言，表示本家族无疑是创办重庆首家私营银行的最佳候选，在资本、人才和之前的业务积累上均已具备条件。全家人同服此议。为慎重起见，杨文光又于当年初秋，由子侄陪同，首次远赴汉口、上海等地考察，最终坚定决策。

当时政府各部要员大多有留日留美履历，杨希仲充分展示了自己的运筹能力，他以自身人脉和魄力，迅速打通四川省财政厅、北京财政农商二部关节，仅用时一年，于1914年底即办理完银行开业的所有手续。

1915年3月16日，四川省最早的私营商业银行——聚兴诚银行在重庆市泰来裕巷开业了。担任银行总经理和协理的杨希仲、杨粲三两兄弟，分别身着笔挺西装和中式长袍，在仪式上迎宾应酬，任银行最高权力机构——事务委员会主席的杨文光则退居幕后，仅与几位老友在后厅叙茶。是年，杨希仲33岁，杨粲三28岁，二人均风华正茂，年富力强，有父亲居中掌舵调度和全族人的共同帮衬，银行甫一开张就呈现出不凡的繁荣景象。开业前4年，聚兴诚年均获利不断递增，远超原商号时期，年年分红颇丰的家族成员们喜笑颜开。

可杨文光在世的时日却不多了。

五

躺在病榻上的杨文光明白，终归要到交班的时候了，虽然4年间银行事业发展顺利，但他却日渐忧虑。本意安排希仲主持全行事务，侧重对外接洽和外贸部管理，让熟知金融板块的粲三主内协助，但让他没料到的是，希仲虽仁厚通达，却对具体业务十分陌生且上手缓慢，所创外贸部虽有业务可一直处亏损状态，拖累着主营业务，粲三虽才干过人，但脾气急狭，不善容人；两人在具体业务的安排上经常发生争论，做父亲的虽能平衡，但长此下去恐有变故，殃及发展。

聚行开业后，按照杨希仲所提"步武三井株式会社后尘，集家族之人力物力，创办银行，再次第向外发展，建立杨氏家族的远大事业，以抵制列强经济侵略，挽回国家利权"的思路，全族上下励精图治，同心协力，一派生机盎然。杨希仲腾出手来，全力组建以银行业务为支撑，包括金融、外贸、航运、工矿等多业务共存的家族托拉斯。一面在川省选择产糖的内江、产盐的自贡、产茶的叙府（今宜宾）、产米的新都泸州、产丝的南充及乐山等地开设分处，另一面拟定两条国际线路，即从北方的天津、哈尔滨通向俄国、日本，从上海通向香港、南洋，在汉口、上海、天津、北京和哈尔滨增设分行，扩展银行和外贸业务。他虽年仅三十出头，以多年积蓄的人品口碑和广泛人脉，迅疾地拓开了场面和未来事业的布局。

作为协理的杨粲三得到父兄的信任，全力以赴抓内业，也逐渐表现出超凡的才干和舍我其谁的霸蛮作风。

开业不久的一次出差，杨粲三坐在从宜昌回重庆的轮船上，旁坐几个军官的闲聊声飘进了他的耳朵。"这回咱们西进重庆虽然辛苦，曹大帅还真体谅咱们，给了一百万饷银，也够咱兄弟快活快活的了。"

"真有那么多？"

"那还有假，一百万现洋就在船上呢！"

杨粲三马上意识到揽储的机会来了。一百万现大洋，可不是个小数目，已相当于聚行全部资本的总和，官兵们一时半会也用不完，如果让他们将这笔钱存入聚兴诚……他转身主动上前搭讪。

第二天，轮船靠岸，挑夫们挑着盛满白花花银元的担子，穿过人群熙攘的马路送入聚兴诚银行的银库。重庆市面各大报纸均刊出"李彪臣部进驻重庆，百万饷银存入聚兴诚"的醒目新闻，之后银行存储业务大为改观，机关、厂矿、学校、商店还有众多官僚军阀都将钱存入聚行，资金变雄厚了，利差效益也上来了。

杨粲三处处显出他敏锐的嗅觉和独到的眼光。从传统票号衍生出的翻码头、赚平水、做关头的各类汇兑操作，到拓展的存储、贴放、信托等业务他样样精通，上手即熟，聚行的前3年被称为"春花怒放之时"，而纯收益的主要来源就是他主管的金融业务。

"幺二三帮"的形成，无形中搭建起了以杨粲三为统帅的嫡系骨干团队。杨粲三本人是学徒出身，深知学徒阶段的重要，他认为师徒关系是银行业中职员之间最可靠的纽带，因此就按照自己的思路着手培养人才。至1924年，聚行开业后的9年里，杨粲三亲自招收并主导培训了130多名学徒。学徒期3年，待遇很低，包食宿，不发工资，只发浆洗费。第一年每月一元，第二年二元，第三年三元，故这批学徒自称是"幺二三帮"。

学徒们首先要经过考试，先是笔试：国文、数学、珠算、常识、英文，合格后由杨粲三专门安排口试，观察该学徒的仪容、举止、言谈。正式入行当学徒，首先要找到可靠保人出具保证书，然后举行庄严的拜师仪式。杨粲三非常看重师道尊严，哪怕其学徒多年后当了经理、协理、襄理，在他面前依然是学徒，必须见面磕头以师礼事之。在培养过程中，杨也管教甚严，注重业务和精神两方面的训练，他常自诩：经我夹磨出来的学徒，最孬也有几成。他常讲述诸葛亮的"六观"：

问之以是非而观其志，穷之以词辨而观其变，咨之以计谋而观其识，告之以祸难而观其勇，醉之以酒而观其性，临之以利而观其廉。

以此观察学徒们的品性和才干，量才施教，着力提携。因其对金融人才着力培养的杰出贡献，重庆金融界曾流传这样一句话，"无聚不成行"，以此评价他带团队之高能。这更助长了杨粲三的傲气。

1917年，聚兴诚银行大厦在重庆新丰街（今解放东路）修建落成。杨希仲特意请托留日工程师余子杰完全仿照日本三井银行的建筑形式进行设计建造，一俟完工，立刻成为重庆市内最显赫气派的建筑之一，曾在抗战期间作为国民政府外交部办公地址。杨氏父子为扩大声势，又补办正式开业典礼，大摆筵宴达半月之久。外界看来，聚兴诚银行一帆风顺。

而杨文光日夜忧虑的兄弟矛盾终于公开化了。

六

杨粲三认为，要将家族事业发展壮大首先要稳住基本盘，在搞好本业基础上再去发展外贸、航业等辅业，这与杨希仲诸业并举的思路是相悖的。粲三虽然尊敬父兄，但当他发现自己殚精竭虑搭建的主业架构和盈利前景可能会受到副业的拖累时，其倔强的个性就发酵了。在各分处的业务巡察过程中，他动不动就改变经营方式擅自调拨骨干，对总处公函，稍有不满即任意删改而不经杨希仲批准，最终让父兄再也无法容忍。

1918年底，杨文光在通报各地分处"凡总、协理赴外调查，遇有兴革事宜，必须通报总处，不得擅行其事"制止杨粲三随意行为后，决定将他调离总行，去哈尔滨一段时期，整顿那里一直亏折的局面。行前杨文光一再叮咛他等候当时不在重庆的二哥回渝后作一个内务交接再走。杨粲三当面不作声，心里却十分不满，当晚就急匆匆拿起行囊上船，打算转道汉口赴哈尔滨。此时正值1919年的春节，他气恼地不愿与二哥碰头办交接。

正月初三，船行至云阳停靠，杨粲三见冬天的阳光大好，借机带伙计到云阳名胜桓侯祠游玩，刚走到大门口，只见对面健步走来的杨希仲，不禁又惊又喜，原来二哥匆忙赶回重庆途中正好船也到云阳：

......乃在途中，天假之缘，不期而遇，弟兄至情，油然而生，数语之余，相抱而泣......思之沉痛，不能不泣，而泪尽泣收，意仍不释。

实际上当晚二人畅聊后还是各执己见，最终不欢而散。

杨希仲回渝后即独揽大权，放手经营，他借助自己在国外学到的管理知识实施了相应改革，并聘用数十位大学生入行工作，以期提高职员素质，对杨粲三独断专行的一些做法也作了调整。几个月下来，结果却是行务混乱不堪，行纪松弛，业务大受影响，而更可怕的是杨希仲忙于其他商事，对行务下滑不知所措。半年过去，杨文光心急病重卧床，他知道再如此下去，聚行将陷入困境，于是急电杨粲三"父忍死以待"。杨粲三借机提出，要他回渝复命，务必明确划分总经理、协理的权责与分工。

当年9月，杨文光终于要走完他65载的人生了，临终前夕，他在全族人面前重申，今后所有家族企业务必谨守他于光绪二十四年（1898年）主持制定的《杨依仁堂家规》中"勤、俭、谨、和"四字规范，而且着重强调"和"字，家和才能万事顺遂。当床前只剩下希仲、粲三两人时，杨文光用忧郁的眼神默默地看着他们。做父亲的看希仲娶妻陈撷芳（上海《苏报》主办人陈范长女）未有生育，又不愿再娶，就安排将粲三之子锡融过继，两兄弟亲上加亲，本应该更加团结，但如今一直无法配合默契，杨家基业唯恐难过此关啊。

杨粲三泣不成声地看着父亲，他内心清楚他决不会去夺二哥的统领之位，但心里又更坚定，无论什么情况发生，他决不会让这份基业垮掉，否则自己百年之后，有何脸面去面对一生谨严稳重、艰苦创业的父亲呢。

无论带有多少忧虑和不甘，杨文光还是走了，他至死也不清楚这兄弟俩为何不能中庸一些，互相体谅一些，只是他也无法再管了。

七

杨家要效仿的日本三井株式会社是个什么样的财团呢？

三井集团至今仍是日本三大经济集团之一。其创始人三井高俊是日本三重县人，17世纪中叶，从当铺和酿酒业开始起家，后开办和服经销店兼营钱庄，逐步发展成以经办银行汇兑业务为主的三井兑换店，因一直注重与官府诸侯建立关系，实力急剧扩张。1876年，三井家族以掌管官银为基础开办起日本第一家私营银行——三井银行，之后以其为龙头向日本几乎所有的经济领域渗透，控制了一大批中小企业，在20世纪初发展成为日本最大的垄断资本集团。为管理众多的集团成员，每周一次的成员企业首脑的例行会餐传统迄今还传承着，企业经营管理的最终决策权一直掌握在家族核心成员手中。

与三井家族类似，杨文光下决心带着全家族人一起致富，并有志成为百年、千年不衰的家族财团。他在世时，家族里十位子侄辈男丁，他均着力培养，并按长幼排序，一视同仁。

杨文光一代属"焕"字辈，共有4房，到了杨粲三一代，属"培"字辈，共有10房，再下一代属"锡"字辈，则更为复杂了。焕字辈长房有子一人，名杨与九，是培字辈大排行中的大哥，这样排下去，二房杨文光所生五子分别排行二、三、五、七、九顺位。故杨粲三又称希仲二哥为三兄，即是按家族大排行来称谓的。

在父亲的全力支持下，杨希仲成为家族第二代的掌门人，他根据国外所学的专业知识，在创办聚兴诚银行之初，就精心设计了银行的公司性质：两合公司，既充分考虑家族里各房的所有权及利益，又充分保障本房（二房杨文光）的运营决策权和控股权，并同时确立以银行为基础、多种产业并举的财阀发展愿景。

可是，就像古有枳橘之说一样，明治维新后一百多年来政局稳定的日本与当时中国的国内境况有天渊之别，完全效仿无疑行不通。杨希仲应对那个时代的纷乱局面明显显得书生气过重，不够务实接地气。

杨文光去世后，因有分权约定的存在，杨粲三虽不同意希仲兄的一些举措，但各管一块，起初尚能各安所命，有事需商议可通过属下互动，倒也相安无事。可随着时局混乱程度加剧，其他银行陆续开办，竞争愈演愈烈。当聚兴诚除银行主业以外的业务均处亏折状态、已严重拖累主业经营时，两人间的裂痕又开始显现了。

当时还有一个背景是四房退股。以族内排行第四、第六的杨芷芳、杨仲晖兄弟为首的四房，眼见在行里无多大运营决策权，又夹在兄弟斗气的氛围中难以周旋，于1921年选择去汉口另开宏裕银号，将大部分股权转出。三房与四房是家族企业的核心，这一分裂已基本注定杨文光设想的全族共富理想的破灭。

杨粲三在行内更加独断专横，他虽同意为避川阀恶意摊派和外贸所需将总行于1921年搬至汉口，但对于行内事务一概不准杨希仲过问插手，在银根紧张时对希仲经管的外贸部资金也一视同仁，催讨相逼，不予特殊考虑。二人关系已势同水火。同时到行上班，也是你从东楼来，我向西楼去，"真如参商二星，互不相见"。气得杨希仲为免友人误会，曾经登报声明"对聚兴诚一切权利义务，均不负责"。

杨粲三可不管这些，他已认定家族里只有他能撑起这个大局，只要遵循父亲的"稳慎"作风，保住银行基本业务的赢利能力，这份家业才不会被动摇，其他都是枝节。他理解父亲的苦心，时间将会证明他杨粲三的正确，但也正是他这种毫不妥协的犟劲，使得他一辈子敬重的希仲兄走上了不归路。

1924年11月某日，杨希仲在汉口接待留美同学、上海金融名流陈光甫。看到陈同学在上海滩挥斥方遒，宏图大展，杨希仲不免万分惆怅，黯然神伤。倾谈中说到自己事业受阻，外贸虽有起色，但时局不稳尤其亲弟弟从中阻梗，经常无法调动急需资金的痛处时，竟将手中的酒杯捏得粉碎，碎片刺破了手掌，殷红的鲜血滴满桌上地上。陈光甫虽真心同情也只能表示宽慰，得悉杨希仲已染上鸦片，且在汉口纳妾，不免劝其赶快振作起来，这更触碰了杨希仲的心病，他又当场号啕大哭起来。数天后，苦于壮志难酬的杨希仲服用大量生鸦片自杀，殁年42岁。

杨粲三感受到了深深的悔恨。他心如刀绞，望着二哥西装革履、年轻潇洒的遗像，回忆起少年时的同窗苦读、青年时的共同筹划、参考三井模式的一齐努力，他后悔自己性格上的莽撞和傲慢。这时，他也无比清楚，他的余生只有做大做强聚兴诚银行这一件大事了。

八

聚兴诚银行进入了杨粲三担任总经理全面控权的21年，即全民族抗战爆发前的13年和爆发后的8年。

"活下去"，此刻已成首务。1924年在汉口的家族主要成员会议上，杨粲三接任聚行总经理，他分析了目前的困境，四房撤股和希仲兄逝世后，谣言四起，行内人心涣散亟须提振士气，主要收入基地四川军阀横行，摊派压力剧增，因受口碑影响几个分行已发生提存挤兑风潮……内外交困，危在旦夕，但数十年的家底还在，开业10年的聚行核心骨干未散。杨粲三提出了保住基本业务，逐步关停并转商号、航业部和外贸部的方针，说服了家族成员，稳定了局面。随后，他开始着手应对最为棘手的军阀强迫垫捐和成都分行挤兑两大难题。

> 1918年南北政争，渝、蓉、万、沙、宜均成战区，借饷筹捐，无时或已，应之立劳，拒之嫁祸。1922年，四川第一、二军争攻，内战一年，交通阻，邮电滞，商货积，币制紊，业金融者流通乏术，借项益巨。
>
> ——《聚兴诚银行年度决算书》

民国初年，四川即长期处于军阀割据之下，内战连绵，常年不辍，从聚行成立的民国四年到二十二年（1915—1933年），不到20年间四川境内大小军阀之间的混战不下三百次。为了征集军费，军阀们对商号银行极尽勒索之能事，其方式手段主要有三：一曰派垫，实际上多是垫了不还；二曰派捐，既叫捐款，当然不还；三曰易现，即以不兑现的券票换取现金。杨家不胜其扰，据计迄1927年，聚兴诚银行捐出及应允为军阀垫出的款项，本息累积已达150余万元，超过了银行登记的资本总额。

杨粲三接掌大权伊始，即下了公开与军阀抗争的决心。民国十五年（1926年）刘湘的二十一军占据重庆，军费开支巨大，乃发短期公债，摊派聚行及杨家企业14万余元，杨粲三坚决抵制，为此作了周密安排。在刘湘派兵围行、扣押聚行高级职员的巨大压力下，拒不执行摊垫安排，并发动全行职工上刘湘军部请愿，印发传单公告社会，揭露历年所受派垫之苦，呼吁社会各界同情以豁免解危。经过5个多月的硬扛，在象征性购买了一点债券的情况下，最终刘湘松口了，撤走围行军队，释放聚行人员。杨粲三的犟劲再次名扬山城。

在那个战乱时代，老百姓不能不相信银行，只有把钱存在银行才稍放心，同时又害怕风波过大、银行倒闭、血本无归。因而，一有风吹草动，到银行挤兑提款就是常态。聚行就经历过无数次这种考验，其中以1927年的成都挤兑风潮最为典型。

聚兴诚作为四川省最早的商业银行，一直承担着成都大部分货帮的汇兑、收交业务，储蓄部吸引了大量游资，发行的无息存单信誉极高，引起当地银钱同业的嫉妒。加之一些被辞退的行员想搞垮聚行，一场合谋将聚兴诚挤出成都市场的阴谋渐渐形成了。当年春，通过合力散布的各种对聚行不利的信息叠加，聚行成都分行的柜台前排起了望不到头的长龙,因无法应付当天的提款,成都分行只能宣告临时歇业,一时间"聚兴诚银行这回要垮了"的风声甚嚣尘上。

具有丰富经验和胆略的杨粲三,在连夜从汉口赶赴成都的路上就想妥了对策。他对聚行的声誉有信心,对成都市面上同行的动机也洞若观火,他知道挤兑的百姓并没有什么急切的需要,只是受谣言的蛊惑而心慌。到达成都,他马上拜谒当地长官,陈明局势混乱内因与利弊,请求维护秩序和市场稳定,随即召开记者招待会,一一驳斥有关聚行经营不力的谣言,并宣布明天就可恢复营业,所有储户放心取款。夜里,他迅疾约谈当地钱业同行首脑,分析相互间倾轧利害,让他们清楚聚行此次过不了关,今后大家也有同类风险,请求同行务必提供足够现款以保明日局势,聚行可以总行政府公债作担保。经过周密部署,第二天人心趋稳,挤兑风潮逐渐平息。

杨粲三以自己杰出的领导才干树立起威望,也让全行上下心气为之一振。职员们愿意协助他共克时艰,聚行主营业务又走上了发展的正常轨道。

杨粲三敏锐地看到聚兴诚与国内各大银行特别是以上海为龙头的江浙财阀的差距,在基本局势稳定后,即明确提出"置根西南、经营西南"的方针,倾力创建"西南第一金融机构"。在1929年的股东会上,他说:

东南数省每苦资金过剩,而西南方面则至感枯涩,本行在西南有十数年之历史,有发展西南商业、整理西南金融之职责。

1930年聚行总管理处又搬回重庆，这一举措被金融界称为最为明智的决策。至此，聚兴诚银行一面向川省各富庶地区广设业务机构，一面向滇、黔、湘、桂逐步扩展，数年之间，数招并举，赢利局面和信用口碑又重趋良好。

　　抗战前的十余年，杨粲三在夹缝中求生存，立足西南，选贤任能，狠抓行务，确实体现了一名杰出银行家的全面素养。不过，外贸部的简单裁撤也是他不小的败着。

　　1924年杨希仲去世后，杨粲三兼任外贸部总经理，统一了事权，然而杨粲三"重银行，轻外贸，置外贸部于银行从属之下"，不给外贸部的发展以有力支持，且经常将外贸部经理杨季谦、副经理李锐的业务主张置之不理。1926年期间，外贸部李锐自带团队设法在桐油出口业务打开局面，赢利30多万，杨粲三却不兑现之前的奖励承诺，引起李锐带骨干离职，另起炉灶开办专营桐油出口业务的义瑞行。后续几年，外贸部每况愈下，杨粲三辞去总经理之职，让杨季谦担任，情形也不见好转，而义瑞行却成为国内外市场上的"桐油大王"，赢利局面大好。至1936年聚行只得草草取消外贸部。事后杨氏族人议论，若杨粲三能心胸开阔、目光长远一些，聚兴诚的外贸投资事业绝不至于如此。

九

　　更大的机遇也悄然来临。随着卢沟桥事变的爆发揭开全民族抗战的序幕，全国的政治、经济、文化中心逐步向重庆和西南地区转移，全国各地企业也内迁至川境，大后方人口骤增，市场加倍繁荣，金融业务显著增长。虽然北方四行和江浙财团的资金和网点相继涌入设立，使业务竞争更为激烈，但聚行在前些年的管理及经营储备，似乎就是为这次机遇做的准备。杨粲三又开始设想成就家族的"三井"愿景了。

从《近代中国民间银行的诞生》一书里所列的"四川各主要银行比较（1915—1936）"表中可看出，与四川美丰、川盐、重庆等银行对照，在自有资金、存款、贷款、有价证券、汇兑业务和纯益金六项指标上聚行均居首位，而且存款余额超过另几家银行的总和。聚行的综合实力与川内各大银行已拉开了差距。

1937年之后，聚行经营西南的方针，大见成效，存放、汇兑、信托等业务，显著增长，并以充裕的资金投资于商业、盐业、糖业、农业、工矿、公用等50多个企业，总投资额超过其资本总额。国内机构发展到33个，员工1300余人，成为首屈一指的川帮银行，在全国金融界占有重要地位。战后被国民政府指定为少数几家可以经营外汇业务的民营银行之一。

从1924到1937年的这13年可称为聚行的"中兴时期"。

其间，杨粲三也未雨绸缪，意图在借助官僚资本入股或引进国外资本两方面发力，打造聚行长盛不衰的根基。

刘湘占据重庆并总揽川局后，虽然杨粲三在"抗垫保行"中斗争得法赢得一役，但毕竟担忧日后生变，他急于找到与地方官僚势力相抗衡的力量。民国二十五年（1936年），他以赠送股本的方式，结识了孔宋亲信、时任国民政府财政部次长的徐堪，于是托徐向宋子文请求其参与聚行投资，只是希望数额不要过大。年底宋子文派人回话，若他参投，必须占股本总额的50%以上，且要重新任命总经理，此事只能作罢。

杨粲三还曾有"利用外资以谋家族事业之发展"的设想，并付诸于实施。民国二十三年（1934年）6月，他以实业考察专员名义赴英国伦敦，与英国扬子公司董事长爱德华进行数度谈判，筹备中外合资企业"德善公司"，约定双方设立金融公司，"资助发展并改组四川省内实业及矿产等事业"。按照此条，英方公司可参与四川矿藏的开发业务。未曾想到，此密约被中国留英学生知悉，留学生们将此消息传至国内媒体曝出，立即引起舆论的激烈批评，杨粲三虽多方疏解，一直没有得到当时以汪精卫为院长的行政院批准，拖了一年多，最终"合资"梦碎。

虽然谋求跨越发展的多项举措推进不力，但行内业务并未受影响，只不过家族内暗流涌动，又在孕育着一场新的内部权力争斗。

十

按辈分而论，杨希仲、杨粲三、杨季谦都是同辈，虽分别是三房杨文光的第二、第三、第五个儿子，但在家族中同辈大排行里分别排老三、老五和老九，故之前杨希仲与杨粲三的权力之争被称为"三五之争"，而这时酝酿已久将要爆发的是"五九之争"。

源头还应追溯到聚行的改制。按民国三年（1914年）北洋政府公布的《公司条例》，公司组织形式共有四种：无限公司、两合公司、股份有限公司、股份两合公司。聚兴诚银行从成立到1937年一直采用的是国内民营银行无先例的"股份两合公司"的组织形式。原因主要是保证经营大权永久被杨氏家族控制，且作为无限责任股东的杨家人能够超出正常比例分得利润，而少量的外姓骨干能参与公司并适当享有红利但权利有限。随着"三五之争"完结、四房退股，杨氏弟兄的无限责任股东架构已分崩离析，同时由于公司经营规模增大，各地分处核心骨干入股的愿望愈加强烈，调整公司组织形式已迫在眉睫。

更重要的因素是抗战期间，以刘航琛、何北衡等为代表的地方官僚资本势力急欲扩充实力，想尽办法欲渗入聚行股东会，攫取利益。刘航琛甚至以四川省财政厅厅长的名义，密令重庆市政府查聚兴诚银行的账，以其可能亏损、无限责任股东无法承担责任为由，向杨粲三施加压力。

重重压力下，杨粲三顾虑一旦改组，必将丧失优厚权益甚而失去最终控制权，多次以"行务尚待整肃，行基犹未巩固"为由进行拖延。民国二十六年（1937年），终拗不过各方所愿，聚行正式改组为股份有限公司。改组后经过数次微调，杨氏家族股下降至40%，亲戚故旧股20%，职员股20%，外界股20%，股权比构趋于平衡，董事会中杨家人占大多数，依然控制整个企业，但何北衡进入董事会也使得杨粲三的独断专行稍有收敛。

可老九杨季谦与杨粲三矛盾的公开化打破了这种平衡，也让以刘航琛、何北衡为代表的外界势力有了重构聚行决策层的机会。

杨季谦是比杨粲三小13岁的同父异母弟弟，生得白净斯文，脾气温和，也曾赴美国留学数年，受西方思想文化的熏陶，作风民主，为人宽厚，在聚行上下颇得人心。但在多次人事安排和管理决策里，因与杨粲三意见不合，被排挤压制，一直空有抱负，无法施展。在与兄近20年的共事过程中，他对其五哥的不满已达到了无法忍受的地步。

刘航琛、何北衡等人趁势拉拢杨季谦，双方一拍即合，很快结成了盟友，包括前财政部次长徐堪等人加入的"老九派"形成，伺机抢夺聚兴诚银行的领导权。

十一

"暗账风潮"给夺权创造了最佳契机。

聚行的暗账于1942年开始设立，主要是将部分赚钱的生意归入此账，逃避金融管理和税收，且不须减除任何开支，账上利润一直可观，但以别名"望蜀者"监管此账的杨粲三，始终不安排分配，账面利润已累积至60万元、黄金800余两、木材1万立方左右。1945年春，高级职员们针对杨粲三所提的"劳四资六"的暗账利润分配方案和反复强调"抗战胜利后，这笔钱就分给大家"的说法，提出应出售木材，陆续分配暗账红利。不料想，杨粲三却矢口抵赖，并召开董事会，将部分高级职员调离，甚至安排退休。这彻底激怒了大部分行员。

8月，部分职工围攻正在开会的杨粲三，无果。9月下旬，各地分支行处全体职员纷纷来电，提出抗战已胜利应该立即分配暗账利润，杨粲三仍拒不接受，责备大家"蹈法网于不觉，毁政纲于不顾，为道义所不容，亦法律所不许"，并放风要镇压带头首要分子，这更激怒了大多数聚行职员。双方剑拔弩张，一场更大争斗在酝酿之中。"老九派"势力借机出马，策划一举拿下聚行董事长与总经理之位。

10月中旬的一天，经密商受托出面的徐堪发出请柬，专门邀请杨氏父子兄弟（杨粲三、杨季谦、杨晓波、杨受百、杨锡融等）赴宴。酒过三巡，徐堪说话：今天我请各位来，目的是寻求解决聚行当前危机的办法，现聚行劳资、资资之间纠纷严重，业务艰难，已危及劳资双方的利益，大家都有请董事长辞职的意思；徐某受部分股东委托，将这层意思在杨家内部正式提出来，还请粲三兄理解，为聚行前途计，为股东和行员的利益计，建议粲三兄顾全大局，暂时退居幕后，由老九季谦出来主持，以应时变。

杨粲三一时间瞠目结舌，呆住了。半晌醒悟过来，明白局面已无法改变，黯然神伤地起身离席而去。就这样，杨粲三被迫辞去担任了21年的董事长兼总经理职务，改任高级顾问，杨季谦接任聚行董事长一职，另聘李维城代理总经理。

这一次，杨粲三选择了忍让，他已不愿再在利益面前过于倔强强硬，再让外人看这个家族的笑话。杨季谦毕竟是自己的亲兄弟，他虽心有不甘，但只要杨家基业不垮、家族权力不旁落就行。回想起这些年来杨家众多男丁的离世：1908年大哥寿宇病故，1924年希仲自杀，1927年四哥涑庆病故，1929年四房仲晖自杀，1938年自己最看重的儿子杨锡远因日本炮击飞机失事遇难……为了这个家族，为了父亲遗愿，不管再大的委屈也要忍。何况，自己的骨干团队和威望尚在，他还是可以发挥极大的作用，保聚行行稳致远。

十二

杨粲三是具有鲜明独特个性的创业者和成功商人，史料中记载了他的大量趣闻。

有一次，和成银行董事长吴晋航登门拜访他，请他贷款支持一座厂矿渡过短期缺资难关。作为与他交情颇深，又同是银行业具有名望的同行，吴晋航以为他定会爽快应允，没想到，杨粲三却说：任你是苏秦、张仪，我对这个厂矿不放心，我的钱是不出堂的。气得吴晋航直跺脚。杨粲三形象地给聚行职员传授他的放款秘诀："晴天借雨伞，落雨赶快收。"由于杨粲三在放款投资中行事稳妥，呆账现象就极少发生。重庆工商界形容他像石匠打石头那样实打实的作风，特送外号"石匠"。

杨粲三对于行员管理也常显冷酷固执。他经常有事无事就去行员工作地点巡视，当聚行还在泰来裕巷营业时，管内账的大先生何绍伯有一天因天热到室外去透透气，恰巧杨粲三路过巡察，见何不在，便给何留了一张纸条，上面写道：办内事而往外走，欲免错误，难哉，难哉！何绍伯是当时聚行有数的大先生，看了纸条，气愤不过,也给杨粲三回了一张条:天气炎热,房屋狭窄,30元买命,办不到,办不到。这件事当时在行里成为茶余笑谈。

杨粲三律人极严,20世纪30年代初即仿父之家规,为聚行制定了"恒、信、贞、勤"的行旨,并专撰一联加以阐释:

专其心,执其信,守其恒,虽困而亨;
志于道,据于德,依于仁,苦久必通。

他还总结出"三眠论"向职员灌输。杨粲三认为人的一生可分为三个时期,有如蚕之三眠,"蚕经三眠,方能吐丝,人历三眠,事业乃成"。他说:三眠之中,第一眠要能忍耐,不能思念繁杂,幻想猬生;第二眠要能自持,不能妄自尊大,弃旧图新;第三眠要能坚定,不能以得失为念,具利害之心。

为此他律己更严,他一辈子不嫖不赌,无不良嗜好,在20世纪二三十年代,像他这样年轻有为、腰缠万贯的银行老板大多三妻四妾、挥霍放肆,而杨粲三是少有的例外,工作之余除喜与晚辈互娱外,就是用毛笔抄录《十三经注疏》等古籍打发闲暇。

20世纪20年代末,他的原配黄夫人去世了,杨粲三很是伤心,陷入悲伤孤寂中长久不能自拔。几位好友相约拉他出去散心,在一处僻静街巷的小院门前,他们将杨粲三推至院内,一哄而散,杨粲三进去一看,只见一位年轻貌美、打扮入时的女子正笑着迎候他,他却不知所措,知是朋友好意,可自己不好此举,赶忙掏出银两塞给对方,拔腿出门去追上友人,大发雷霆,唬得几位朋友连赔不是。

从此，再没人敢这样关心这位五老板了。

平日里杨粲三总是一身长衫马褂，着圆口布鞋，整齐利落，即便是酷热难当的盛夏，他也将纽扣扣得规规矩矩，一个不差。作为家中长辈和主事人，他从不居功自傲，好吃的、好穿的、好住的，大都让给兄弟子侄们，有长者之风。

杨粲三共有六子四女。他对自己的子女均精心培养，严加管教，在书房里，每个孩子的名字下面都挂有一条鞭子，谁不好好学习，犯了错误，家庭教师就有权取下谁名字下的鞭子来惩罚。杨氏子弟读书几乎是非南开中学不进，非圣约翰大学不读，一半以上留学美国，这与杨粲三严格的家风教育不无关联。

了解了他的私德，再透过他不时意气用事、为人刚烈的表象，可以发现他独到的经营智慧。

存储，一直是聚行聚集资金的重要途径。杨粲三殚精竭虑，单就吸存揽储一项，就用尽了招数，且招招奇妙，效果意想不到的好。他提出以汇款养存款，以放款辟存款，即使到今天，也颇值得其他银行借鉴。"以汇款养存款"，即同商帮做结约汇款，约据上订明由商号随时将收进的贷款送存聚行，积累到一定数额时，由聚行自动替商号汇往用款之地。这样，有利于商帮积零成整与货款调动，十分方便，加之聚行素以汇兑见长，信誉极好，商号们纷纷与聚行签约，而商号陆续存入的款项在尚未达到起汇点时，也就成了聚行的活期存款。"以放款辟存款"，即用结临时透支约的优惠吸引存款，他指示各分支行处，"对每天有现金收入的门市商，要劝揽其与我开户"，"有现钞收入的交通及公用事业机关如公路局、公共汽车公司、剧院、医院等，也应多方面向其罗致"。由于各商家、部门按日向聚行交存款项，到了需要用整笔款项时，便可以得到聚行一定数额内的透支，这些用户自然很乐意到聚行开户，一时往来增多，收交活跃，存款额大增。

信托是杨粲三顺应市场、克服多种阻力开办的一项新兴业务。商号学徒出身的他深知：商家不仅需要银行提供资金周转，还需要在商品流通过程中找人代办报关、运输、保险、堆放等方面的服务。杨粲三审时度势，于1931年首先开办代理业务，1932年转设代办部，1937年正式成立信托部。因信托业务繁杂而收入低微，杨粲三首先为代办员正名，然后要求营业员放下大银行的架子，主动上门招揽业务。虽然遇到行员观念难改和一些相关行业商帮抵制等压力，但数年后，杨粲三一手倡办的信托业务给聚行带来巨大收益，他指示"要像储蓄业务那样，力谋代办业务之发展，将来未可限量"。并断言"将来商业银行势必以此为中心"。

杨粲三在四川顶着阻力首开信托业务，与他早年首创储蓄业务一样，被誉为聚兴诚银行的两大成功范例，在西南乃至全国的金融史上都有其重要意义。

当然，杨粲三在经营上也并不是没有败着。在买卖公债业务上的经历就是喜忧参半。1922年，杨粲三发现以对折价格收购北洋政府时代的公债，保存到期后兑现本息，利润很高，就着手倒卖当时的九六公债，到1925年底获利达40万元，使得他信心大增。1930年他看好中原大战蒋介石必败，投入数百万元做空，一笔就亏去老本130万元，在当年的股东会上只说折本10余万元，加以掩饰，用其他盈利填补窟窿。经此一役，他汲取教训，在之后的统一公债、外币公债和黄金期货的售卖经营中，慎之又慎，收获颇丰。

回顾杨粲三主持聚行大局的21年，他确以稳健、谨慎、固后方、抓主业、坚持家族利益至上的做法，及遇到重大突发变故时的果敢和睿智，让聚兴诚银行一直走在全国同行的前列。

十三

全民族抗战胜利，举国上下一致对时局的发展持乐观态度，认为经济必将兴旺，市场肯定繁荣。1946年3月，已出任高级顾问的杨粲三与杨季谦合计，应借此良机拓展全国市场。当年即将总管理处的主要力量转至上海，且由于获得了川帮银行中唯一的外汇经营牌照，聚行随即增设国外部，恢复香港办事处，并分别与纽约的欧文信托投资公司、旧金山的美国国民银行、澳洲悉尼的新西兰银行以及伦敦、加尔各答、孟买等地的汇丰银行建立合作关系分设代理处。正值壮年的杨季谦感觉时机已成熟，见粲三兄主抓银行内业又可依赖，故雄心勃勃地推进将聚行打造成为国际大银行的计划。

然而内战的爆发、时局的骤然变化，让这一切美好愿望付之流水。它对聚兴诚的打击是双向的。

抗战的胜利和国府的还都，改变了重庆作为大后方经济中心的政经环境，重庆金融业首当其冲地陷入"胜利危机"。由于大量人口的复员返乡，且受上海市场高利率的吸引，重庆市场上的大量资金和游资流向了长江中下游地区，特别是上海。重庆银根趋紧，市场疲软，物价下跌，客户大量提存，银行存款大幅度下降，一些资力不厚、信誉欠佳的银行，如正和、同丰、大同、华侨兴业等相继搁浅关门。另一方面，国民政府过高地估计了战争胜利对经济稳定的作用，将战时在物价、分配以及财务管制等方面的强制措施一律废止，而代之以数额庞大的财政支出，恶性的通货膨胀因此触发，由1946年2月开始发端，物价一路飞涨，到1948年8月已涨高数十万倍，全国经济到达崩溃边缘。后来国民政府相继推出金元券和银元券，进行币制改革，因人民群众对国民党政权已失去信心，更加速了通货膨胀，大量的金融机构终未逃过此劫。

已届六旬的杨粲三一生都标榜自己"不卷入政治"，但实际上他对政局的演变十分敏感，他主导成立的经济研究室就是一个观察分析形势、制定决策措施的专门机构。他所延揽的谋士们对国民党政权的现状和前途进行了精心研究，得出了令人悲观的结论。1947年底，杨粲三在《董事会告全体同人书》中警示：

以聚行之历史观之，固能每经一次困难，反多一次成就，然今日之情势与曩昔迥然不同。曩昔之事变，仅限于政体之演变，或内战之扰乱，经济与财政固未尝发生剧变也。今则经济状况，一落千丈，法币贬值，无法计算，银行业务与国家经济息息相关，欲不卷入，实不可能。

时局的变化印证了他的预判，但在如何应对方面，他和杨季谦又意见迥异了。杨粲三力主聚行总管理处迁回重庆，退守老营，收缩业务，以观时变，杨季谦则认为，美蒋合作，尚有可为，不应消极自保，主张结交徐堪，依附孔祥熙势力，续谋发展。当国共内战的局势已定，上海、重庆相继解放，两弟兄因此走上了不同的道路。杨季谦携家眷定居香港，谋求境外金融事业。

1949年底，杨季谦约担任聚行董事兼渝行副经理的杨粲三长子杨受百到香港，向他提出抽调一百万美元到港开户设行，以便长期在国外发展。杨受百感觉兹事体大，必返渝请示父亲后始能决定。当他回渝与父亲商量时，杨粲三沉吟良久，叹息道："未必我们从此变成外国人吗？"父子意见一致，不愿出国，杨季谦调走百万美元之议终未实现。

杨粲三与全行骨干合议，拿出数十万美元维持各城市分支业务、保障职员及家属生活，不出国，不逃资，等待新中国新社会的到来。他期盼国家形势稳定后，人民安居乐业，市场商业繁荣，聚兴诚能再一次进入中兴期。

十四

"哪个社会能不需要银行呢？"杨粲三对社会主义制度下延续自己的百年"三井"梦仍抱有极大的信心。但各方面信息和系列沟通的结果，让他发现自己的如意算盘打错了。

重庆解放前夕，为聚行的前途计，杨粲三秘密到访天津、北京，与中国人民银行行长南汉宸、中央人民政府政务院秘书长林伯渠会晤，提出在共产党领导的新社会里自主经营的想法，得到的答复是：根据《中国人民政治协商会议共同纲领》，为保证国家经济建设按计划进行，对金融业必须实行全民所有制管理，由国家统一调配资金，聚行自然不能独异……杨粲三如梦初醒，但仍有不甘。

他想不通，聚行是杨家人和他一手一脚搞起来的，是杨氏家族的私有财产，怎么可以实行全民所有制呢？既然新政府一再声明保护民族工商业，为什么又要限制私营银行的发展呢？

1950年初，南汉宸和胡子昂在上海与杨粲三又约谈三次，一再向他阐明新中国的金融政策，希望他能顺应形势，顾全大局，早日加入到国家统一的银行体系中来。可杨粲三依然固执地要求保持聚行的纯商业性和私营性，双方不欢而散。回到重庆，杨粲三索性闲散起来，对行务不管不问，撒手让侄儿杨晓波、儿子杨受百去应付。他期待等到转机。

8月的一个酷热难当的上午，在重庆致诚巷（今自力巷）12号的寓所里，杨粲三读着报纸。报载南汉宸宣读的《在全国金融业联席会议上的报告》：

私营行庄由联营、合并而进一步靠拢国家银行，是金融业集中化的倾向，是应该允许的方向。金融业为关系国计民生的重要事业之一，根据《共同纲领》，应由国家银行领导，以实现资金的有计划分配，保证经济建设的有计划进行。

杨粲三颓然跌坐在藤椅上,潮流已无法逆转。第二天,他特意穿上那件常穿的深灰色长衫,独自来到聚行总行大楼,面对无比熟悉但冷清的办公室及走廊,一幕幕往事浮现眼前,他想起了慈爱而勤俭的父亲,想起了聚行成立和这座大楼剪彩时的盛况,想起为了事业传承,与三哥九弟的争斗,想起了刘湘、徐堪等所给的难堪……难道已有37年辉煌历史的聚兴诚就在自己手中终结了?聚行就再也不属于杨氏家族了吗?此时此刻,一阵难以控制的悲伤向他袭来,杨粲三不免泪洒长衫。

1951年11月,人民银行西南区行根据聚行的申请,报请人民银行总行批准,聚兴诚银行实现公私合营。随即,正式加入了由新华、中国实业、浙江兴业、国华、和成、盐业、金城、中南、上海银行等组成的公私合营银行联合总管理处。杨粲三被推举为总管理处董事会副董事长、重庆市工商联常委、四川省政协常委。

1958年8月,在成都召开的四川省工商联代表大会上,杨粲三作了《我全家族都走社会主义光明大道》的发言。他说,他平生主张公经济,反对私经济,但在过去几十年的银行生涯里,理想无法实现,经过解放后几年的观察学习,他对社会主义和党的政策有了理解,共产党确是"深谋远虑,励精图治,人民得到休养生息,真有步步春风之感",他表示,虽年过七十,"仍当一本素怀,为国家贡献我一点微薄的刍荛"。

晚年的杨粲三,生活极有规律,每天早晨5点钟准时起床,坚持终身的日课——用毛笔抄写《十三经注疏》一小时,然后散散步。白天常和老朋友或家人下围棋,有时棋输了,好胜心极强的杨粲三常气得眼泪汪汪，让对手不忍直视。

1962年3月21日，一生不愿服输的杰出银行家杨粲三终于输给了心脏病魔，享年76岁。

参考书目：

★赵云声主编：《中国大资本家传》，时代文艺出版社1998年版。

★重庆市工商联、民建重庆市委编：《聚兴诚银行》，西南师范大学出版社1987年版。

★重庆市渝中区政协、渝中区金融办编：《重庆市渝中区文史资料——渝中金融史话专辑》，2009年。

★民建重庆市委、重庆市工商联编：《重庆工商人物志》，重庆出版社1984年版。

康心如

康心如（1890—1969），祖籍陕西城固县，四川绵阳人。曾就读于日本早稻田大学政治经济专业，参与创建四川省第一家中外合资银行美丰银行，后长期出任银行董事总经理，重庆市银行业同业公会主席，抗战期间担任重庆市临时参议会议长。新中国成立后曾任西南军政委员会委员，四川省政协委员、重庆市人大代表、市民建副主委、全国工商联执委。

诚信的极致

一

1944年秋冬之季，日本展开其侵华战争失败前规模最大的一次攻势，集结了50余万军队，先后发动豫中会战、长衡会战和桂柳会战，目的是打通大陆交通线，摧毁中国空军之主要基地，并且逼迫重庆政府投降。11月底，日军因合围柳州中国军队计划失败，决定对西退的国民党军进行追击，于是进入黔南，12月2日攻占贵州独山县城。

独山县距贵州省府贵阳不到200公里，11月底开始，贵阳城里气氛骤然紧张，当时传闻是日军要一直攻击至战时首都重庆，可以想见当时的氛围。

大量的市民特别是达官贵人们开始逃亡或计划出走，而此时最需要的就是随身携带必备财物。贵阳各大银行钱庄前人头攒动，人潮汹涌，挤兑提款的人流围在门口水泄不通，大多数银行只能以关门歇业应对。美丰银行贵阳分行门前和行内却是一派从容景象，柜台行员让急于提款的客户们放心，想提即提，绝不阻拦和借机关门。一时间，四川美丰银行的实力和口碑让贵阳市民由衷信服。

因中国军队的顽强抗击和日军攻击方向的变化，数天后，日军退出独山县城，贵阳的危情排除。"美丰"的声名大振，可发生在这一幕背后的故事更让人感佩。

年仅20余岁的美丰银行总行职员尹登甫于11月底黔南战况紧张之时，被康心如总经理叫到位于重庆市小什字新街口的办公室。几十年后，他回忆：

> 当时，贵阳那边电话催得很急，机要股股长把我叫到康老总那里，康总从头到脚把我看了一遍，说，好，这个任务就交给你了。什么任务呢？带3000两黄金去贵阳，委托重庆卫戍区警察押运，沿途出示命令说有特殊任务不得拦截，连夜赶到贵阳，为了保证贵阳的储户能取到钱逃难。唉呀，真是一诺千金啊！

3000两黄金当时市值近500万元法币，可赶到贵阳后找到各大钱庄立刻兑成现钞。数百里的奔波，赶往随时可能被攻占的贵阳城，仅仅为了兑现取款承诺，这个决心是不容易下的。在那危难之时，选择成为不畏风险的逆行者，显示了美丰银行对信用超乎寻常的重视。

四川美丰银行创建于1922年，总行设重庆，曾是中国西部第一家中外合资银行，自开业后不久，担任银行总经理并一直掌舵的是一位陕西人——康心如。

二

康心如32岁才来到重庆，为的是一份美丰银行协理（副行长）的工作。在此之前，他是属意在当时的首都北京发展的，只是因为一大家子的生计所迫，不得不到重庆就职。这已是当时他唯一可选的工作岗位了。

1890年12月27日，康心如出生于其父赴任路途中的四川绵阳。父亲康寿桐，原籍陕西城固，因入仕到川，历任四川梓潼、彭山、什邡等县知事，官声极佳。育有四子：心孚、心如、心之、心远，因他思想开明，将儿子们全部送到日本留学，着力培养成才。

辛亥革命前后，老大康心孚可是一名响当当的人物。他19岁去日本留学，1911年26岁时毕业于日本早稻田大学政治经济学专科。在日期间曾担任中国留学生总会馆总干事，并加入了孙中山先生创立的同盟会，第一次会议就当选为同盟会评议会评议员，辛亥革命成功后曾担任孙中山的总统府秘书。

康心如在《忆心孚兄》一文中用了两万余字回忆康心孚短暂的一生，从同盟会反清的英雄，到革命胜利后却投身教育事业的曲折历程。历经辛亥革命后的权力更迭，康心孚对世态变化十分失望，决定"绝口不谈政治"，认为"整理国故也是千秋事业，想毕生从事于此"，于是"不做官，不做议员，不入党，在故纸堆里去寻快乐"。做学问的康心孚照样非比寻常，在北京大学，由讲师升副教授再升教授，主办的专门讲座是"中国法制史""社会学"等，在学生自由选择课程的北大，"他的课堂座位常常是满的"。

他是一个推倒几千年专制政体、引全家走向革命道路的引路人。无他没有今日的家庭,更没有几个兄弟和后代走今天应走的路。

康心如对兄长佩服之至,"其见识之远大,行为之果敢,均非常人所能及",他也就循着大哥的足迹前行,赴日本早稻田大学攻读同一专业。1910年春,康心如行前在上海经心孚兄介绍,由同乡于右任主持仪式,加入了同盟会。未料留学刚一年,因父亲病逝,康心如辍学经朝鲜回国奔丧丁忧。不久,四川保路运动和辛亥革命相继爆发,交通中断,康心如就留在成都投身革命活动,家中成为同盟会的聚会场所。随后几年他开过书店,办过数份报刊,也曾短暂在四川军政府创设的四川银行中担任贷付课课长、四川金库经理。1913年又赴上海任濬川源银行上海分行经理,兼营民立图书公司和进步书局。再后因兄在京任教,康心如带着家眷迁居北京,一边在北洋政府国务院侨务局当一名佥事(科长级职员),一边与著名报人张季鸾、周太玄等人办《中华新报》。张季鸾即之后创办《大公报》的"三巨头"之一,是一代报界宗师,他年长康心如两岁,当时即十分欣赏康心如的才干,请康心如当《中华新报》经理兼总编辑。

而之后接踵而来的两个变故彻底改变了康心如的生命轨迹。

1918年9月,已创刊两周年的《中华新报》刊载了北京新闻社撰写的《呜呼!三大借款》通稿,因披露了段祺瑞政府向日本出卖胶济铁路权益的内幕,北京京师警察厅总监吴炳湘带警察强行关闭报社,将康心如和张季鸾以罗织的"泄露国家机密、乱党乱国"之罪名，五花大绑捆进了铁牢。这一关就将近一年，后虽正式判决拘役二十天，缓刑三年，但康心如实际上已蓬头垢面地在警察厅监狱被关了上百天。他感到在腐败的军阀政府统治下，想有尊严地活下去进而干一番事业的初衷显得幼稚，需要冷静下来重新思考。

大哥康心孚病故的噩耗不久又传来，让康心如痛不欲生。他入狱后康心孚心力交瘁，既要坚持教授学业，以薪水保障全家生计，又四处奔波营救二弟，一直陷入焦虑担忧的紧张情绪中。五四运动爆发后，康心孚被推为高校教职工联合会成员，为维持学潮中的校务秩序，超高强度"连轴转"，终致突发急病，猝然离世，年仅34岁。

康心如此刻已无暇顾及内心的悲痛，大哥遗孀及4个年幼女儿、高堂老母、5个弟妹和自己一家，这一大家20余口人的生活重担，在心孚兄去世后一下就全部压在他那瘦削的肩膀上。

到这般境地，他才明白兄长在这个家中的分量有多重。这么多年的生计完全是靠康心孚的北大教授每月四百块大洋的薪水支撑着，当了家才知柴米油盐贵啊！如今，康心如别无选择，没有长兄心孚的大学问，又必须听从"不当官、不入党"的训言，可以赚钱养这个家的路径就只有从商一途了。

三

四川美丰银行于1922年4月在重庆创立，之前筹备有一年多，成立时是中国西部的第一家中外合资银行。身无分文的康心如是以自己的人品才干加上一点父辈渊源,参与到银行的筹办之中的。

1921年初,正在为家庭生计拆东墙补西墙煎熬万分的康心如,偶遇来京找外资合作、规划到四川境内开银行的重庆盐商邓芝如等人。邓的父亲在四川当过候补道,和康父康寿桐换过帖,算是世交,故托曾有银行从业经验并在政府任职的康心如寻找合作对象。康心如推荐了上海美丰银行的老板雷文。

雷文是一位凭借西方势力特权在上海起家的美国冒险家,来华前他本是一个小建筑公司的专业管理人员,因业务原因于1914年被派至上海公共租界工部局当职员,利用参与制定租界筑路规划的便利,他以低价抢购待开建的地块,并不动声色地握在手中,待租界的马路一竣工,路两旁地价暴涨,他再以十几倍几十倍价格售出……短短几年就积累了大量财富。雷文随即在上海、天津开设了两处美资美丰银行,在福州、厦门开设两家中美合资的美丰银行,并兼营饼干、药房及保险业务。他成了上海显赫一时的美企"雷文财团"的老板。雷文有巧取豪夺、仗势谋利的狡诈一面,也有重视企业规范运作的理智一面,与当地人合资开办企业就是他棋高一着之处。他对康心如很了解且非常欣赏,这为随后几年双方的默契合作及彼此信任奠定了基础。

经过康心如居中斡旋,邓芝如与雷文多次磋商,双方正式签订合资协议。1922年2月在美国康涅狄格州注册,定名为"四川美丰银行",总资本额为银元25万元,美股占了52%,华股占48%,总行设在重庆新街口,雷文兼总经理,另一美国人赫尔德任经理,邓芝如、康心如分任第一、二协理。因康心如无钱入股，自认无洋务经验的邓芝如慷慨借给他12000元股本，使康心如取得股东资格。

4月10日，美丰银行以重庆开埠以来从未有过的盛况举办了开业典礼。当天礼炮齐鸣，无数的巨幅彩旗挂满沿街高楼，观礼凑热闹的人潮将重庆城内主要街区堵得难以挪步，开业盛况花去银行资本金的五分之一，达55000银元。年终轧账，当年亏损3000多银元，更恼火的是，由于美方职员的傲慢骄横和中方股东的毫不相让及业务生疏，双方矛盾愈演愈烈。

辞去公职、将全家搬至重庆生活的康心如已没有任何退路，他只能寄希望美丰银行能兴旺起来。所以他选择了当和事佬不站队。这无疑使邓芝如难以理解，二人的隔阂由此产生，而之后的情形更使两人势同水火，最终分道扬镳。

四

作为中外合资的美丰银行在当时有着得天独厚的经营优势。

1895年4月甲午海战的惨败，使清朝洋务派苦心经营30余年的军事力量受到致命打击。这一方面促使中国的有志之士检讨前30年新政，但对中国产生深远影响的却是另一方面：《马关条约》以中国人无法接受的方式迫使中国全方位地对外开放。

在之后的30年里，外国资本大量进入中国，形成了对基础设施尤其是以铁路建设为主的投资热，而且金融渗透的力量也大大加强。20世纪初，一个西方学者曾这样描绘过外国银行在中国的作用："中国是一个奇异的国家，在那里银行家能变外交家，外交家又能变劫掠家。"外资银行借助雄厚的资本实力，很容易建立良好的社会信誉，并且拓展中资银行没有的业务范围。

四川美丰银行除能经营一切商业银行的业务外，还能发行市场流通的"兑换券"（中外合资银行特权），而且重庆开埠十余年来的诸多外资企业自然选择美丰开户。有美国政府的后台背书，有与各地美丰银行等外资银行结汇的便利，本应开业即有大的赢利空间。没想到开业不久，门可罗雀，生意清淡，山城市民和各方媒体都持观望或幸灾乐祸的态度。

雷文心急火燎地赶到重庆，单独约谈康心如商议对策。康心如分析了美丰前期工作的得失，提出两个主要措施，一是节俭开支，适当裁员及对外籍职员减薪，这个措施中有一项就是减少一名协理。雷文当机立断将不懂业务的老派商人邓芝如转聘为顾问，这彻底激怒了邓，他认为康心如居心不良、过河拆桥，即发动部分职员反对，且逼迫康心如偿还所借的股本金。康心如清楚银行要开办下去也只有进行人事改革，他已无路可退，唯一的办法就是变卖父辈留下的田产，这在当时因会显得后辈无能，被认为是大逆不道的事。但康心如抱着对父兄极端愧疚之情仍将祖宗田产变现，偿清了邓芝如的借款，从此也切割了与旧商业伙伴的关联。他要闯出一条新路。

康心如向雷文建议的第二招，是抓住"美丰券"发行这个契机，一举确定美丰之商誉,从而壮大实力,改观局面。

而这一举措背后所蕴含的"诚信"观念,后来被证明是康心如事业腾达的定海神针。康心如明白中国老百姓心目中固有的对西方列强实力的偏信,转化到银行经营上就是信誉担保和口碑的力量,他将两者极致地运用到"美丰券"的发行上来。

清末时期,由于战败赔款和通商,白银大量外流,市场银元货币流通日渐短缺,钱庄票号等趁机发行定期或即期庄票,凭票兑现。经过调查,康心如发现,辛亥革命成功后,政府主导的中国银行、交通银行、大中银行都先后发行过兑换券,但后来均因不能兑换而跌至三折,而聚兴诚等民营银行,发行过类似兑换券的"无息存单",也因被发现有伪造单而宣告收销。康心如对美丰券的发行进行了精心安排:一是送美国印制,票据质地无法仿造;二是着力宣传,他杜撰了一个广告故事,位于白象街的白理洋行遭受火灾,存放在保险柜里的几千元美丰券被烧,但其中部分票券还能认出号码,经美丰银行职员验证后,仍兑了现款,于是"美丰券烧成灰也可以兑现"的说法就广而告之了;三是保兑现防挤兑,康心如除自备部分资金外,与大生、金盛昌、恒泰丰三家钱庄达成互助协议,一遇挤兑冒头,即刻把明晃晃的现洋运到行内柜台上堆放,以显示现洋的充足,让人心稳定,使挤兑平息;因这三家钱庄老板名字中都各有一个"卿"字,且每遇康心如求助,他们均立即共赴解难,所以当时金融界流传"康心如一气化三清(卿)"的佳话。

通过康心如的精心运作,美丰券一经发行,在市面上持续流行走俏。在当时现银枯竭的情况下,一切票券兑换银元现洋都要补水,即要用超出相应面值的票券才可换得同值现银，而用美丰券，因信用好，一律不补水，一比一兑换，可见它在市民心目中的地位。那时，烟土贩卖生意猖獗，匪患频发，携带现洋极其危险，于是商人也主要采用美丰券交易。美丰券发行额剧增，最高时曾达150万元，大大充裕了营运资金规模，且为美丰增信增利。值得注意的是，康心如在主办中让美丰获利颇丰，却未遭到同行反感，他的精明能干和坦荡友善使他在业界获得极佳声誉。

美丰银行第二年开始赢利，第三年更大幅度提高利润额，在总结会上，美方经理对股东与高级职员们说："此实康协理之功！"在重庆，既没有势力又没有根基的康心如，仅经过近三年的努力，就为自己和家族挣下了一辈子可依赖的声望和口碑。

五

战争冲突带来痛苦与灾难，但同时也产生了一些意想不到的商机。

民国建立之初，政权由北洋军阀篡夺，1925年6月，蒋介石就任北伐军总司令，声讨北洋军阀，7月9日，国民革命军正式誓师北伐，很快取得一系列战果，"打倒军阀统治、驱逐帝国主义"是那时的主要目标，与北方军阀沆瀣一气的各国列强沉不住气了。当年8月，英籍轮船在长江上游的四川云阳一带，撞沉中国轮船，造成数十人死亡，当地军民扣留肇事的英国太古公司的轮船，9月5日，英军舰实施报复，炮击万县市街，损毁房屋1000余间，炸死炸伤平民4000余人。九五惨案激起了全国的反帝浪潮。各国政府考虑到他们侨民的安全，于1927年2月下达了从中国境内全面撤侨的通告，限期3月底前撤离。

得到撤离通知，雷文的意见是：把银行所有资金、账册、文件等全部封存于库房，然后带走钥匙，等待时局平静后再回重庆清理。中方股东和康心如一致反对。因为并不知局势何时能稳定，而且一停业，大量的中国储户利益就可能受损，散落在市面的美丰券将不能兑换，使持券市民血本无归。双方僵持不下，康心如牵头紧急磋商，终在3月27日达成美方以13万元的价格转让全部股权的协议，但美方要求必须于3月30日前完成交割。

怎么在几天内凑集收购美方股权的13万元呢？康心如的信誉和口碑此时起到了至关重要的作用。重庆地方长官刘湘也愿意出面支持，他了解到美丰正处于上升期，又对康心如有信心，就紧急邀约手下部分师团长和重庆本地官商十余人，组成新财团，凑集现款，赶在美方经理离渝的最后时刻办结了交割手续，美丰银行从此变成纯华资银行。所有股东同推康心如出任银行总经理。

刘湘作为川军中实力最雄厚的21军军长，当时还兼任四川军务善后督办，在此次银行股权变更中起到了决定性的作用，他已关注美丰银行很久了。在一次与工商金融界人士的聚会时他曾这样推心置腹地说：

商人怕军人，因为军人有枪杆；其实，军人也怕商人，因为商人有洋钱。商人没有军人的保护，便感到有生命危险；而军人没有洋钱也就没有饭吃，同样有生命危险。因此我希望枪杆子与洋钱合作，把市面搞好，彼此有利。

康心如在随后的岁月里，紧密地与刘湘保持着互动，与其政经要员甘绩镛、唐棣之，特别是刘航琛均成为好友，而且还出任了21军军部顾问，承销21军发行的各种债券，从中获利。在刘湘的信任与倚重下，美丰银行的经营局面呈良性增长态势。

在1932至1937年这5年中，美丰银行连续增资3次，康心如从原25万资本金中仅占股5%的股东，变成300万资本金中占股近38%的相对控股大股东（康氏三兄弟股权合计），一跃成为重庆的金融巨子，并因其声望良好被选为重庆银行同业公会主席。

六

康心如是幸运的。30岁下海经商，过程虽不乏曲折，但40岁时已独揽当时的重庆标志性银行之大权，赚得百万家财，确实是当时的创富神话。普遍的说法是他善于攀附，特别是依附上了刘湘这棵大树。

此处不禁要问，这么多人要去奉迎刘湘，这么多金融机构希望刘湘集团参股投资，为何刘湘偏选定了康心如和美丰银行呢？还是那句话，机会只会垂青那些随时做好准备的人。

康心如出身于家教甚严的开明官吏家庭，自小打下了修身齐家治国的良好思想根基，加之游历东瀛、就职中央政府、当新闻采编的阅历又让他立意高远、胸藏大局。这从他对兄长的尊敬及长兄过世后对全家包括兄长遗孀子女的责任担当就可看出端倪，也从他对婚姻、对公益、对友人等方面处事用心可以得到佐证。

他首先是操守好，让人放心。其次他有超乎寻常的才干。

1927年，美股退出后，新入股东们推举了重庆商会会长汪云松出任美丰银行董事长。之后，以汪为代表的大股东们认为只要充当军阀筹措粮饷的工具，炒卖国债外汇就可大赢其利，对银行本职的揽储办贷、调剂余缺不感兴趣，对如何提升服务品质更是漠不关心，于是他们开始架空康心如，让他终日无所事事。康心如也洞察其居心，曾提出辞职让贤遭拒。然而乱局中哪有单靠投机就能长安的道理，不到三年，所有新入股东看到美丰银行危在旦夕，自身投资回收面临风险，终知美丰银行无康心如不行，故从此无条件支持康心如控局。

当然，康心如的最大价值还是他始终严守信用的口碑。一次，其属下在业务谈判时一时口快作出承诺，后发现漏算失误，故在实施时否认，争论至康处，康心如告诉对方美丰会按原口头承诺坚决履约；另一次，内江分行一职员因赌博亏空，擅用空白汇票开出一笔汇款去搪塞，当持票人持票兑取时，被发现是未通过行内账面的伪票，经层层请示到总行，康心如指示仍按票面如实照付。这两次，虽然美丰吃亏，但他认为责在己方职员，应以保全信誉为要。

从发行美丰券直到后来美丰银行停业清算，纵观康心如一路历程，始终是他的信誉在起决定性的作用，既严于律己又感化他人，刘湘及其势力无疑也是看中他这一点。对应杨粲三的"石匠"之誉，重庆金融界称康心如为"泥水匠"，意指他善于折中调和、搁平抹光。康心如以自身的诚信睿智和儒雅温良，结下了广泛的人脉与善缘。

七

1935年8月，美丰银行大楼落成剪彩让美丰的声誉达到巅峰。位于小什字新街口的这栋大厦开创了众多的西南第一：全钢筋混凝土结构、华丽且可电动升降的铁铸门厅、宏大宽敞堂皇的营业大厅、安全系数最高的自用并可对外租用的金库、垂直升降可直达7层会场的自动电梯……这栋大厦后来因其经历抗战时日军疯狂的大轰炸而不倒，以及重庆解放前夕阻断著名的朝天门"九二火灾"等传奇经历，永久地留在重庆市民的记忆里。

康家的生活也有了根本改观。

康心如花10万银元购置了当时国泰电影院对面夫子池的一处大宅院，一共一百多间房子，将包括母亲、嫂子一家的全家人搬至一起居住。康心如幼子康国雄后来回忆：

当年我家的房子，就是康公馆，你猜多大？3300平方米。进门时有两个门房，通过长长的甬道进入第一个天井，天井两侧各有一座两层楼的独立宅院作为客房，天井内侧是宽阔的轿庭，穿过第二个天井，是康心如三层楼的正房，再穿过第三个天井，是保姆的住房、厨房和防空洞。因所有主人都配有保姆或佣人，家太大、人太多，吃饭时要摇铃，请的保姆、听差们吃饭都要摆两桌，而且不够坐，只能吃流水席。

从两件红白喜事可见当时康家的排场。一件是康母去世后出殡。队伍前头已经到了菜园坝，后面还在小什字美丰银行门前，就是说送葬车流排满了整个重庆下半城的马路，沿途车辆只能停下来让路。第二件是康心如二儿子国藩结婚，娶的是杨粲三的女儿，当时在康公馆设席数十桌，杨粲三在席间说了两句话：有男娶贫妻，有女攀高门。

康家俨然成为重庆城的首富之家。

康国雄所忆起的两件小事说明父亲并没有因变得豪富就膨胀、自傲，还是保持往昔的本心。

有一次，看到听差专门订了一桌"凯歌归"餐厅的菜要送去歌乐山，康国雄好奇地问父亲送给谁，父亲告知是送给孔祥熙，并解释说，多年前就与孔是好朋友，但孔任行政院长时不便去拉关系，现他不当官了，明天是他的生日，我可以去慰问一下了。另有一次，康国雄十几岁时不知为什么小事，踢了佣人一脚，父亲很是生气，连声训斥：人家只因为家贫，才来我们家干活，她和你完全是平等的，没有什么贵贱之分，你有什么权利踢她呢？你现在有人照顾，完全靠着父辈的余荫，就算你将来自己有了钱，也不能这样对待别人。

八

1945年9月，在陪都重庆举行了全市市民参与的庆祝抗战胜利的大检阅游行，参加检阅的国民党军政要员和重要人士坐在敞篷吉普车上，一辆辆地在大街上开过，第一辆上站着蒋介石，第二辆是康心如，第三辆是重庆市长贺耀组……全民族抗战时期，康心如的地位如日中天，他担任重庆市临时参议会议长达6年之久。

重庆市临时参议会议员的产生并不是靠选举，而是由国防最高委员会指定的，所有成员由重庆数十万人口中服务公私机关或团体两年以上且"著有信望者"中遴选出来，其主要任务是"上情下传，下情上达"，以达到"集思广益、促进市政兴革"之目的。这个组织成员无薪酬只发少量车马费，但却基本囊括了当时重庆的各界精英。

1939年7月27日，蒋介石综合各界提名，亲自敲定陕西籍的无党派人士康心如就任议长。本就喜交际的康心如再无清静，社会活动之多，让他根本无法分身，基本上每日有十数次宴请，并身兼140多项头衔，据档案可查，康心如几乎宴请了当时在渝以及临时来渝的所有名人政要，同时也被对方宴请过。康心如已由知名商人蜕变成社会活动家。

曾任陕省主席和国民政府宣传部部长的邵力子、监察院院长于右任等陕籍人士彼时入住康公馆，著名报人张季鸾也来渝与康心如等共谋迁《国民公报》到重庆出版之事，重续亲密合作关系。这个张季鸾可不平常，他曾于1927年发表《蒋介石之人生观》，嬉笑怒骂，淋漓尽致，1936年又以《给西安军界的一封公开信》影响甚巨，他自诩"不求权、不求财,不求名",以"宁鸣而死,不默而生"的座右铭而闻名。

在开展大量社交活动的同时,康公馆的豪赌之名亦甚。上海杜月笙、顾嘉棠,重庆刘航琛、范绍增等好赌之士每周到场,必有豪赌,当时山城常有这场牌局的奇闻段子流传,康心如晚年也生悔意:那段日子"奢侈豪华,花天酒地,声色犬马,一掷千金"。但据家人讲,康心如始终坚持"一不准女眷入室,二控制筹码额度",还是有节制分寸的。

因康氏兄弟均在南岸汪山上购置别墅,故许多社交与牌局常移至汪山开展。活泼好动的康国雄放学路上偶遇也住在汪山的蒋介石夫妇,得成忘年之交,经常去蒋宅游玩,后被开玩笑称,重庆有两个要人,到汪山官邸去见蒋委员长,侍从室随时放行,从不限时且不需事先通报,一是张季鸾,一是康国雄。没想到的是,这段奇缘给康氏父子之后的生活平添了一番凶险。

康家与中国共产党领导人的交情也在此时期建立。康家老四心远之妻及妻妹,是邓颖超天津女师的同学好友,周恩来夫妇就很自然地与康家往来,如国民政府拨给八路军的经费,都是经美丰银行划转的,与民主人士、社会贤达碰头开会,也常选在康家进行,边区急需的物资和少量资金,康家兄弟也曾多次出资办理。2002年中共党史出版社出版的《中国共产党历史(第一卷)》第762页,有康心如是"共产党的朋友"的表述,可断定就是抗战时期双方互动的结果。

1942年底,康心如第一届议长的任期将满,他拜托于右任在国民党中央全会上代他提出辞职申请，并亲自推荐了新的议长和副议长人选，在会上得以通过。蒋介石知晓后却不同意，他划去新议长名字，仍然让康心如连任。于是，康心如从1943年再任议长至1945年底，直到取消临时参议会改为民选参议会为止。

九

康心如担任议长期间，以其为首的重庆市临时参议会为当地做了大量有益的工作。其中有两件可彪炳史册的大事。

1939年10月1日，参议会第一次全体会议召开，建议成立"大重庆市建设期成会"，经该会数十位专家努力，拟定了《重庆市建设方案》，于次年4月1日第二次全会通过。该方案明确提出：

宜由重庆市临时参议会呈请行政院呈国民政府及国防最高委员会，请明令定重庆市为中华民国战时之行都，战后永远之陪都，俾待将来抗战胜利，还都南京之后，重庆仍能在政治上保留其确定之地位。

这是来自大轰炸下不屈不挠的重庆人民的企盼，也是以康心如为首的重庆市临时参议会第一次正式以书面的形式提出定重庆为陪都的请求。

国民政府顺应民意，于1940年9月6日正式发布了选重庆为陪都的明令：

> 四川古称天府，山川雄伟，民物丰殷。而重庆绾毂西南，控扼江汉，尤为国家重镇。政府于抗战之始，首定大计，移驻办公。风雨绸缪，瞬经三载。川省人民，同仇敌忾，竭诚纾难，矢志不移。树抗战之基局，赞建国之大业。今行都形势，益臻巩固，战时蔚成军事、政治、经济之枢纽，此后更为西南建设之中心。恢闳建置，民意佥同。兹特明定重庆为陪都，着由行政院督饬主管机关，参酌西京之机制，妥筹久远之规模，藉慰舆情，而彰懋典。此令！

明令定重庆为陪都，于法律上确立了重庆的崇高政治地位，它是近代重庆政治地位发展到顶峰的标志，也是中华民国建置史上一件划时代的大事。

重庆大轰炸是另一件永远值得铭记的大事件。重庆自成为中国战时首都后，也成了日本侵略者"破坏要地内包括重要的政治、经济、产业等中枢机关，并且主要的是直接空袭市民，给敌国民造成极大恐怖，挫败其意志"轰炸战略实施的重点。在1938年2月至1943年8月的5年半时间里，日军共出动飞机5732架次，对重庆及所辖地区实施轰炸130次，共炸死重庆市民10808人，炸伤11837人，损毁房屋14408栋，是人类有史以来最惨烈最大规模的轰炸罪行。康心如领导议员们广泛行动起来，沉着应对，为稳定市民的抗日信心，做了大量卓绝的工作。在参议会会议上他说：今后若干时间以内，敌人仍将以重庆为轰炸目标，但是，敌人这种暴行，决不能动摇我们进取的信念，反之，我们只有以加倍奋勉的精神，在血火中去图重庆市的复兴。

1940年8月21日，康心如代表重庆市民，接受中央通讯社记者的专访，在痛斥日本帝国主义野蛮无耻、与人类文明相背谬的轰炸暴行后，他说：

重庆市民，决不因空袭而动摇其坚强不拔之抗战意志是也，敌人在重庆所作之暴行，惟有无限增强吾人敌忾同仇之心，此殆为敌机滥炸惟一之收获。吾人均知吾人正在苦难之中，然吾人仍须以热情、鲜血及忠诚之服务，报效国家，无稍改更。敌人或欲妄图毁灭重庆，然吾人则深信重庆断乎不致沦为废墟，倘即成废墟，吾人亦必决心在此光荣之基础上，重建未来之光荣。余深信重庆乃不可征服者，亦犹全中国其他地区之不可征服相同。"威武不能屈，"盖为吾民族数千年文化之传统教条，重庆市民正为此种精神之传统的继承者。

1941年6月5日，日军飞机从傍晚6时许开始，分三批不断地在重庆市区上空盘旋轰炸3个多小时，全市处于警报状态达5小时之久，正常容纳4000余人的较场口大隧道挤进上万人，终酿成伤亡人数近7000人的较场口大隧道惨案。次日，除亲率众议员赶赴现场慰问抚恤外，康心如组织紧急会议，在会上提出四点动议：查明肇事真实情况，严加惩办责任人，规避类似事件，完善抚恤和善后。6月8日，蒋介石手谕将重庆防空司令刘峙和市长吴国桢革职，并随后在全市报刊发文训勉。

在那个最为艰辛的时代，作为一名商人，康心如竭力承担了对国家的责任，他信守着青年时就确立的为国尽忠的志向。

十

康心如同时还是位大慈善家。

他在教育方面捐献甚巨，除他自述的"捐款开办重庆复旦中学，捐款相辉学院（西南农学院前身）修建房屋，捐款重庆南开中学（共捐10万元，为当时最多者）修建图书馆"几笔大的捐助外，学者唐润明曾在档案中查阅汇总，康心如还有20多笔捐献，金额近20万元，另带头发起募捐近30万元，并出任多达16所大中小学校的校董及荣誉校董，全方位给予校方支持。对关系到基础建设和公用事业的投资，他也积极响应带头投资，如重庆自来水公司、重庆电力公司和四川水泥公司等。每年春节前夕，他在孤儿院认养的30多名孤儿都会来康家拜年……

那么他的财富为何一直在增长呢。应该说康心如取之有道。

在建立了个人声誉和丰富人脉后，康心如通过美丰平台进行投资，凡是安全可靠又有利可图，尤其是以外汇购进先进设备的企业，他都投入股本，最多时投资参股达90个单位，投资重点主要涵盖工矿、交通运输、商业、金融保险等行业。这些投资给他和美丰银行带来了极丰厚的回报。

与此同时，他又有计划地推进家族企业快速成长，打造"丰"

字号企业集团。他带弟弟心之、心远先后成立经营进口业务的德丰公司和兆丰公司，经营出口业务的宝丰公司，经营房地产业务的华丰公司，经营农产品业务的新丰公司，经营运输业务的群丰公司，经理人均是康氏兄弟或经过考验的美丰高级职员。另外还支持老三康心之开办永成银行、大夏银行，帮其多方位筹措资本。由于康家的聚合效应，这些公司大多赢利情况良好。

可以说，抗战期间的康心如要面子有面子，要里子有里子，一切顺风顺水。

十一

可惜经商终有潮起潮落，潮起得快，落得也不让人喘息。康心如事业的衰落与他对抗战结束后形势的判断息息相关。

康心如虽嗜赌但有节制，赌局之余，每年的春节他永远是留给家人的，从大年三十到正月初三那几天，祭祖、吃年饭、几兄弟轮流串门；玩龙灯舞狮的人们一批又一批地来到康家，玩到门前排着领赏钱，他喜欢的是那份热闹，在乎的是他的人气和声望。别看牌桌上他一掷千金，私下却十分俭省。每一年，他都带上秘书、会计到各分行去查账，开一个小汽车，一个接一个地查，到了川北，条件很简陋，住的是到处有跳蚤的光板子床，吃的是快变质的卤豆干，同行年轻人都受不了，他还是照吃照睡。

不管世事如何变幻，他相信由于自己的勤勉检点，加上广泛结交的坦诚用心，应该能抗击一切风浪。事后证明，越自信与权贵纽带的紧密，在社会变革的潮汐中越经不起冲击。

抗战胜利后，他笃定了乐观的前途，迷信于国民党的执政能力，出访美国、加拿大，奔走各地市场，积极准备扩大规模。

这一次，他赌输了。

紧接抗战胜利而来的，不是政局的好转，而是全面内战的爆发，那几年国内财政枯竭、金融紊乱、民生凋敝、百业萧条。美丰业务不仅没能发展，反而连遭挫折，每况愈下。

1948年8月，国民党蒋介石政权在土崩瓦解前夕，开始了最后挣扎，通过公布《财政紧急处分令》，勒逼全体国民交出黄金外汇，统一兑换成金圆券。美丰银行行存的所有黄金、美钞、美金公债及库券，还有猪鬃、桐油换得的外汇美金，共计95.3万余元，全部被缴兑。之后仅数月，金圆券暴跌，一夜之间从一元的纸币发行至面值五千万的纸币。美丰银行所兑变成废纸一堆。

1949年6月，广州李宗仁政府宣传再改币制，发行银圆券，以金圆券5亿元兑换银圆券1元，无限制兑换现洋。其时，康心之任中央银行高等顾问，向康心如透露，中行库存充足，并已从墨西哥进口银元；刚开始重庆中央银行在渝设立多处兑换专柜，市面银圆券颇为香俏，甚至出现了银元一百三十元换银圆券一百元的"倒贴水"现象。康心如断然开办了别家银行都不敢办理的"银元存放汇兑业务"，收进银元，换成银圆券放出，冀图从中既赚洋水，又赚利息，弥补之前亏折。殊知转瞬之间，国共谈判破裂、国民党战事失利，国民政府倾覆在即，银圆券币值狂跌，又变废纸一张，而美丰的银元负债数额巨大，无法买进填补，半年时间损失惨重，共亏折银元41.3万元。

经此二次亏折，美丰银行和康心如已濒临绝境，而压垮他们的最后两根稻草也搭上来了。

十二

美丰银行从小到大，从一个网点到全国53家分支机构，发展成仅次于聚兴诚的川帮第二大银行，成功的关键之一是其有让人无比称羡的企业管理团队。

美丰摒弃传统家族金融企业师徒传授等老套的做法，甫一创始，就沿袭西方的人力资源管理模式。新员工经考试入行，即发放薪水，经过数周培训正式上岗，就能享受行方规定的一切福利待遇：每年15个月工资（端午、中秋、春节发双份月薪），每年度分别有普遍酬劳金和特别酬劳金，结合当年考绩情形，按工龄级别颁发不同规格的纯金质奖章，退职时可以领取到按条例规定的"一次赠予金"或"终身养老金"，职工工资根据物价指数的上升而调整，并免费供应员工膳食及住宿，携带家室子女的，另有家属宿舍，集体供应膳食，不收任何费用。那时的美丰人才辈出，员工对企业的忠诚度极高。

而困境的加速来临，不断拷问着这份忠诚和信任，也冲刷着那份久违的温情。

随着战事加急，时局动荡，众多分支机构人员集中到总行，人浮于事现象突出，人力成本压力加大，康心如不得不想法紧缩机构、裁减人员，他明白可能产生的后果，但他已无路可走，他祈愿这么多年融洽互助的氛围能帮他获得理解。1949年夏初，康心如密函各分支机构及总行各处室，除留下必要的工作人员外，一切多余人手全部调总管理处设计股，由他自己兼任设计股股长，亲自处理这些人员的善后问题。这一措施执行后，立即引起强烈震动，并被职员们看作是"裁员先声"，坚决进行了抵制；被调离人员行动起来，搬走了美丰银行的内账，并宣称要同以康心如为代表的美丰资方算清历年的剥削账，由此酿成美丰历史上仅见的劳资纠纷"设计股事件"。

尽管康心如对职员的抵触早有预料，但他没想到事情会闹得如此之大，大到他已无力平息。经多轮艰苦谈判，最终终于达成协议：一是给退职者发退职费，二是给留职者预储退职金，美丰银行因此事件又付出银元22.7万余元。

由于中国社会的市场经济观念的滞后和淡漠，公司治理特别是涉及危机处理、破产善后等方面，总归要在人情和不完备法律的基础上进行折腾。时至今日，国内的企业家群体都还为之所累，未来的完善之路也还长，只希望处于困境的企业家们不要低估这种局面下人性的无常与冷酷。

国民党溃败前夕的一幕更是直接掏空了美丰银行和康家。

1949年底，时任重庆市市长兼卫戍总司令的杨森安排手下找到康心如，要求退股，康心如答复根据章程，只能转让不能退，杨森手下掏出手枪逼迫，康无奈凑足200条黄金让其退股。其他党政军要员得悉，接踵前来退股要钱，据不完全统计，仅仅短暂的十来天里，各类兑现、退股数66人、90多户，共计退股金11万多银元，部分未退股补息3万多银元。大军阀刘文辉说：我们倒是把钱拿到手了，却毁了一个康心如。

在那段难熬的岁月，为了保住美丰，为了守住信用，康心如最常做的事就是变卖家产和"全家总动员"，汽车没了，大院子换成小房子，贵重家具拆零甩卖，所有老辈、后辈、夫人、太太、公子、小姐、媳妇、女婿所拥有的金银财宝首饰全部集中起来变现兑钱……康心如不知道能否拯救美丰银行，但哪怕有一息尚存，他也要竭尽全力。

面对这所有的处境，若康心如选择躲避推诿，或以战事为由搁置，理由不可谓不充分，因为绝大多数银行都在这样面对，可视信用重于生命的康心如却绝不那样做。

他终于熬到了重庆解放。

十三

康心如没去有许多朋友邀约的台湾，也不去香港当寓公。他想新社会不可能不需要银行吧，为事业计还是再把美丰振兴起来，这块金字招牌不能就这么倒了啊。

虽然那时新的金融政策尚未正式公告，但开银行总归要有能保证正常经营的现金，俗称"头寸"，然而美丰已无力筹集必要的"头寸"。当时的美丰资产仍远大于负债，只要能获得贷款，是可以渡过暂时的难关的。康心如希望以所属群林市场等优良资产作抵押，向政府申请贷款，让美丰重归正途。康心如回忆：

杨受百同志曾到过美丰银行说，如果你们康家能够拿出五亿元现金，我向银贷团借十亿元来扶助你复业。当然，这是绝处逢生的事情，很好。就由我的侄子康国干出来号召，凡是康家能在当时变现的东西，都拿出来。过了许多天，只凑了两三亿元……当然你的五亿都未凑齐，那么银贷团又如何通得过。复业的事情，就成了泡影。

当时5亿元约相当于现在的5万元，偌大的家族此时已凑不齐如此数额的资金，可以想见康家已潦倒到何种处境。虽美丰房产不少，但此时内战刚结束，所有的不动产均无人问津。1950年4月4日下午，因头寸不足以面对第二天办理业务的市民和客户，康心如亲自宣布，开业28年的美丰银行即日起关门停业，进行破产清理。

虽然康心如喜怒不形于色，但可以想像此时他的内心多么痛苦，这份痛苦在他心中渐渐转化成怨恨，于是他在某些场合说过一些不合时宜的言论，最终导致他在1957年被划为"右派"。即使这样，康心如仍然在坚持办一件事，一件持续了15年的事：破产清理，尽量还清债务。检验一个企业家杰出与否，决不能只看他顺时作为，更应审视他逆境时的操守，特别是绝境甚至破产之时。时间将会证明，坚守信用底限的康心如永远不会被这个民族所遗忘。

关门后的清算工作千头万绪。首先是长期信任美丰的储户减损和近千名失业的职员安置，经过无休止的昼夜谈判，在军代表的调解支持下，终达成各方接受的方案；其次是持有美丰股票的股东们，笔数多、数额也不小，通过政府协调，人民银行以估值七折的方式买下美丰大楼和群林市场，变现40亿元，美丰前项债务都得以清偿；最后是美丰多年投资的各类企业债权债务的清理、因战争发生股权及红利变故的事项等。

1964年，在20世纪30年代末担任重庆大学教授时购买了美丰银行股票的马寅初，还在北京康心如的陋居里，结清了20余年前应属于他的本息及红利。这是可查到的康心如一直在兑现偿债承诺的最后一笔记录，面对着康心如记得密密麻麻的账本和仔细计算后支付的每张钱币，马寅初心情很难平复。

清理结束后，竟然还剩下30万余元，于是康心如在北京购置了住所并办理了一些银行大额存单。

十四

康心如作为一名商人的使命，随着美丰银行的最终清算已然完成，他想着能苟且活着，安享一个普通老百姓的晚年，力争守住康家的清誉，不给祖辈脸上抹黑。这也是那时老人的底线和常情，可难以想象的凶险还在前面等着他。

1966年8月的一天，在北京机械学院图书馆工作的小儿子康国雄被揪出批斗，罪名是"蒋介石的干儿子"。当天的批斗大会，晕头转向的康国雄被愤怒的群众斗争了几个小时，之后被要求始终挂着

"牛鬼蛇神"的木牌，去劳改队进行强制劳动。迷惑的康国雄找空当回家向父亲求证，两人都不知其罪名如何而来。在《孤舟独树》的回忆录里，康国雄详细叙述了其中的细节，他童年时因躲避轰炸，住在南岸的汪山别墅。因毗邻蒋介石、宋美龄的住处而多次巧遇蒋氏夫妇，蒋氏夫妇十分喜欢聪明伶俐的小国雄，于是双方有过一段轻松而随意的短暂交往。知道这段轶事的人并不多，谁会想到二十年后竟会出现这样的可能葬送他余生的说法。

康心如也觉得此事很蹊跷。他说：关于这件事，我死后，更搞不清楚了，趁我还在世，找几位比较了解当时情况的朋友，写出证明材料保留下来。于是，他就请邵力子、章士钊和沈醉三位友人写了绝无此事的证明。可"文化大革命"刚开始的那个混乱年代，并没有人来关心怎么改正此说法。

直到一直想弄清真相的康国雄偶然查阅到自己档案才发现，原来是同父异母的长兄及其两个儿子在运动中为了表现积极进步，向公安机关诬告"听说康国雄拜蒋匪为干爹，蒋匪通过其侍从亲送他一对当时最新式的五一型钢笔……在蒋家王朝就要崩溃时，他表现极大的悲哀，对他干爸爸下台的命运很难过，曾为蒋哭过"。如此啼笑皆非的揭发材料，却坐实了康国雄"蒋介石干儿子"的罪名。

那段岁月，康心如所购的住房已被没收，风烛残年、体弱多病的他若没有小儿子康国雄在旁照顾，命运将会极度恶化。康心如本是一个极其恋家的人，旅居台湾的外孙王惠震曾在《忆往事，谈母亲一二事》一文中写道：

所有康家人一定都来外公家吃年夜饭，吃过年夜饭，一定会有一场全家族的余兴节目，那就是赌"单双"，外公是当然庄主，他老拿出一笔固定资本来，输完结束，由妈妈管账；一年也只有这一晚，不论大小都可上桌子玩一把，当然都是外公输，因为三爷爷、四爷爷都会帮小辈吆喝放单或放双，我们小孩子都乐不可支，小辈输了，母亲不但没收钱，反而赔钱，其实外公也知道，只是笑笑，母亲对外公说"你也不在乎这点钱，但是得到的快乐却是无尽的"。外公输完了，赌局也就结束了，大家都是赢家，这也是外公最高兴的一天，全家都能聚在一起，没有纷争、没有是非，只有祥和、欢乐。

康心如发现，这个家的祥和氛围已经失去，他心如刀绞，对康国雄说，这不是搞你，而是在搞我，因为给蒋介石当干儿子这个事情，不是你可以办得到的，这是在说我勾结蒋介石。在"以阶级斗争为纲"的当年，这种罪名足以置康氏父子于死地。

十五

如果康心如愿意讲一些违心的话，哪怕就是模棱两可、捕风捉影的话，以他曾有的地位与阅历，很容易在那个年代"立功"，从而改变自己被批判无法抬头的命运。

1968年夏，全国工商联的一位军代表来找康心如调查定性为"党内第二号走资本主义道路的当权派"的邓小平案情，恐吓、纠缠了半天，说有人揭发刘湘当年曾给了邓小平一笔钱，你康心如在四川威望高，和刘湘关系也深，搞美丰银行也得到刘湘的帮助，应该知道些什么吧，到底这笔钱是在什么时候，什么情况下给的？邓小平拿去做了什么？你至少应该听说吧？大胆告诉组织，说了可以立功。

康心如一直不吭声，按要求写了个材料交上，自己慎重起见，还一字一句地仔细抄写了底稿。

> 解放前，我不知道有个邓小平。西南要解放的前夕，有人告诉了进军西南解放军的广播电台波段，我每天收听，才知道政委叫邓小平。西南解放不久，刘伯承司令员和邓小平出面召开座谈会，我参加的，和邓小平第一次见面。西南军政会成立，我是经委会成员，军委会开会我们列席。经委会也单独开过会，邓小平主持的时间多，常听他作报告、发言，但并无私人往来。
>
> 刘湘给邓小平一笔款子的事，我完全没听人说过。
>
> 1968年6月23日。1968年7月9日取去。

康心如坚持自己说真话的底线，而家庭成员间的信誉已是他不能再退让的最后堡垒。他曾在《忆心孚兄》中写道："我对（兄）遗体起誓，对嫂如对母，对诸姪如女。如有冻馁，神明殛之。今日检查，幸未食言。"他传承着康家重信誉讲情义的家风，而今却未曾想到，就在他一直引以为傲的大家庭里，竟然出现如此卑劣的行径。他决定在有生之年清理门户。他已无力改变什么社会环境，但他决不允许失信诬告之徒还留在康家族谱。他立下遗嘱：

我不善于教育儿孙，真是无以对党和国家，更无以对康家祖宗和儿孙。只内愧于心抱恨终天了。今彼父子既自绝于我，我亦愿与他们断绝关系。特留此以示子孙。此嘱。

后附短文：

造谣诬罔，阴谋陷害的卑鄙小人。
并无事实为"造谣"。
毁人名誉为"诬"。
欺骗组织为"罔"。
秘密检举为"阴谋"。
断人前途为"陷害"。
品行行为是"卑鄙"。
个人人格是"小人"。

一生视信誉重于生命的康心如没有想到康家竟出此后代，他内心无比痛楚，病情加重了。

1969年11月16日，在北京协和医院门诊部因没法开具无政治问题证明而折腾了数日的康心如，终于在住进医院不久后去世。临终之前他交代康国雄四句话：不骄傲，不迁怒，不矜功，不奢侈。

十六

改革开放后,康国雄年届五十,决心下海,通过到香港经商的艰苦创业,终小有所成。1980年他回到重庆,开始力争给父亲平反,摘掉"右派"帽子。1981年3月重庆市统战部在市政协礼堂举行了康心如先生的追悼会,悼词里明确了他父亲"1957年被错划右派","做过一些有益工作",是"爱国的民族工商业者"。

会后,一群原美丰银行的老职员找到康国雄,告诉他许许多多的"美丰"人还在坚持着每年一度的聚会,大家十分思念康先生。所有的美丰老职员都被一种精神力量感染着,进而共同发起申请恢复美丰银行的活动……

康国雄感觉父亲的魂魄仍在山城的上空飘荡,他忆起父亲曾给他讲的一个很有趣的故事。

康心如说,在他留学日本的时候,遇到日本一位首脑人物去世了,去世后,各国都发来了唁电,报上也发表了许多评论,有说好的,有说坏的,有夸他的,也有骂他的。没想到,过了两天,他忽然活过来了,清醒后,他还把那些夸他的、骂他的文章、电报都找来看了,然后,他又死了,这次是真的死了。说完,康心如对国雄感叹:这个人真值得,死去之前,还完全了解到了别人对他的真实评价。

康国雄明白,父亲是很关心社会对他生平的评价的。

2020年,康国雄也追随父亲而去了,不知他会选择什么样的评价告诉父亲。我不禁想到书法大家、康心如好友于右任先生留下的一幅正楷题词，是应康心如之约为美丰银行所题的行箴：

任事惟忠，立言惟信，持躬以正，待人以诚。

就借这十六字，权且作为康心如先生一生的写照。

参考书目：

★康国雄口述、何蜀整理：《孤舟独树——民国金融家康心如之子康国雄自述》，陕西人民出版社2012年版。

★唐润明：《康心如与重庆市临时参议会》，重庆出版社2014年版。

古耕虞

古耕虞（1905—2000），祖籍广东梅州，四川巴县（今重庆市巴南区）人，出身于山货业世家。21岁继承父业，创猪鬃名牌"虎牌"，曾垄断全国猪鬃出口总量的80%以上，被誉为世界"猪鬃大王"。新中国成立后将全部产业捐献给国家。历任中国畜产出口公司总经理、全国政协常委、全国人大常委兼财经委副主委、全国工商联名誉副主席。

三代基业奉祖国

一

古耕虞有句口头禅："人情送匹马，买卖不让针。"绣花针与骏马放在一起的体量对比，差距感是强烈的。当商人将精打细算的生意比作"针"时，不知道什么样的人情馈赠可以用"马"来比喻呢。

1949年10月4日，还沉浸在开国大典余兴的北京城里，到处是飘扬的红旗、锦簇的花坛和灿烂的笑脸，清朗的秋风吹拂着这个刚获新生的古都。下午4点多，一辆黑色轿车经过新华门，徐徐驶入中南海。车上坐着中共中央统战部副部长徐冰和化名"顾愚"的古耕虞。

刚当选政务院总理的周恩来准备在中南海的家中接见古耕虞。

开国大典前夕，中国共产党邀请古耕虞列席9月下旬的中国人民政治协商会议，考虑到重庆尚未解放，为保护古耕虞的财产不遭国民党冻结，有关部门安排他以化名参会。谁知旅途极为不顺，竟然错过了会议和开国大典。但古耕虞一到北京，日理万机的周总理仍立即挤出时间约见，因为当时猪鬃是国内主要的出口换汇物资之一，新中国该怎样延续猪鬃的出口创汇生意，需要尽快与这位掌握着全国出口量半壁江山的"猪鬃大王"当面商谈。

平常一贯身穿中式长袍的古耕虞，今天罕见地换了一身定制的西服，但脚上仍然蹬着圆口布鞋。他期望将近段时间已深思熟虑的想法向总理和盘托出。

　　我读过《资本论》。我完全知道解放以后，共产党绝不会再让我当垄断资本家，何况，对外贸易事关国家经济命脉。我应当设身处地站到共产党这一边想一想。工人、农民流了那么多血，牺牲了那么多人，艰苦奋斗几十年，好不容易成立了中华人民共和国，难道今天我还要共产党在猪鬃贸易上来仰我古耕虞的鼻息吗？建国初期，共产党与资本主义国家的关系，确实还很糟。但是，靠我这点"本钱"，难道就能难住共产党吗？

　　他已知晓新中国成立了国营的中国猪鬃公司（后改称中国畜产公司），所以他计划将古家三代辛勤经营壮大的全部家当——四川畜产公司和享誉世界的"虎牌"猪鬃品牌，毫无保留地交给国家，纳入国营公司统筹管理。

　　这时候，新中国成立仅仅4天，摆在新政府面前的难题还太多太多，所有的私营企业主特别是规模大一些的资本家的生产经营，将如何纳入社会主义经济体系为广大人民群众服务，尚有许多环节等待研究和商讨。

　　作为一位青年时继承祖业、以财富多寡衡量个人价值的资本家和百万富翁，在没有任何约束和要求的前提下，在新中国刚成立不久就提出将产业交给新政权。难道他有什么隐忧无法排解吗？世界上真有如此大方的资本家吗？当你细品古先生的百年人生，你会发现古耕虞在人生的每个重要节点，都作出了事后看来最恰当的抉择。

二

猪鬃对今天的人来说已很陌生，它是指猪颈部和背脊部生长的五厘米以上的刚毛。在19世纪至20世纪前半叶，因猪鬃刚韧富弹性、耐潮耐高温等特质，成为工业和军事用刷的主要原料。从大类而言，属山货。重庆开埠之前，山货业尚未单独成帮，是由药材业附带经营，仅有猪鬃和牛羊皮等极少的品种，且多半是由边远产区购运来渝转售。光绪年间，开始有"胶帮"和"广帮"到重庆经营山货运销。"胶帮"即指经营牛皮渣滓熬胶的业户，"广帮"是由广东运销洋、广货来渝的客商。之后，鸭毛、鹅毛、羊毛、兔皮、麝香、肠衣、桐油、山丝、白蜡等品种也开始贩运经营。

自1891年重庆开辟为商埠后，以英国人立德乐设立立德洋行，在南岸龙门浩购地开设猪鬃洗房，洗制熟猪鬃出口为始，重庆山货业完全为国外洋行所垄断，比较著名的有英国的立德、隆茂、白理，法国的东方、利昌、吉利，德国的瑞记、宝丰、德昌，日本的新利、日森、三井、武林、森村等。这些洋行多半都是以经营山货出口为主要业务。直到民国十年（1921年），反帝风暴日益高涨，各国洋行普遍遭遇仇视和抵制，后才陆续退出内陆市场。

猪鬃一直是山货业里最大宗的出口商品。中国猪鬃主要分为七个产区和集散中心：天津、青岛、东北、汉口、上海、昆明和重庆，其中天津的产量最大，重庆的质量最好。猪鬃在农民眼里几乎是废物，在农村收购时的成本很低，但出口到了国外，就变成价格很昂贵的商品，洋行在其中获利很丰厚。其中主要原因之一是加工极为繁琐，廉价的中国工人创造了高额的附加值。古耕虞曾回忆当时加工工场的情形：

最悲惨的是水洗工人。猪鬃从猪身上拔下来，它的根带着肉皮，水洗时要把附在鬃上的、能够腐烂的东西都腐烂掉，因而洗鬃的水又脏又臭，温度又低，揉洗时，用手搓。工人的手脚成天浸在这样的脏水里，很容易烂。……楼工的劳动条件比较好些，有板凳可坐，在案子上把梳好的猪鬃扎紧。扎的时候，绳子的一头用牙齿紧紧咬住，另一头用手使劲拉。所以用不着多少年，工人的牙齿都松了。到那时候，他就不能再劳动了，只好找一个徒工来当替身，他在这个替身身上还能挣两年钱。就这样，工人把他们的悲惨命运传给他们的下一代！

古耕虞1905年出生于重庆，其祖上是湖广填四川时的广东客家人，其祖父是个织布的手艺人，后成为一个手工织布作坊的小业主，家境较普通家庭稍殷实。其父古槐青早年因考秀才失败弃文经商，到族叔古绥之的山货字号当了伙计，因属同族，且能写会算，人又勤快，故得以重用，随后被派到上海坐镇分号。古绥之后来退出山货业，所以古家的三代猪鬃生意通过古槐青传到了古耕虞手中。

三

古绥之后来靠贩卖鸦片致富成为重庆巨商，拥有雄厚的实力和人脉。原英商隆茂洋行帮办白耳理与其刚从日本留学归国的儿子古学渊过从甚密，1911年他在英国重庆领事馆又注册设立白理洋行，白耳理自任大班，聘古学渊任买办，创立不久就垄断了重庆山货业。古学渊任买办后，又另组同茂丰山货字号，由其父古绥之控股，主营猪鬃，完全由白理洋行收购出口。猪鬃虽然利厚，但毕竟无法与鸦片烟土贩运的暴利相比，顶着英商招牌的古绥之父子，动起了山货夹带烟土私贩的念头，最后被抓现行，不得不退出商界。而在上海经营分号、后成为小股东的古槐青借此分家，重新开设一家吉亨山货字号，变之前同茂丰的猪鬃品牌"牛牌"为"虎牌"，标志是一只红色的猛虎。

古耕虞是在一种较为尴尬的环境中度过幼年与少年时光的。古绥之老来得一幼子，十分宠爱，故专设家塾进行教育，考虑到他学习时寂寞，便找到年龄相仿的古耕虞作为伴读。没想到古绥之重点培养的幼子根本不想学习，而且异常骄纵，动不动就与塾师对抗，并欺负伴读的伙伴、晚一辈的小耕虞。

幼年的古耕虞就这样很小即熟知了寄人篱下的滋味，虽然都姓古，称谓上也仅一字之差，古绥之幼儿被叫作"小少爷"，古耕虞被称为"毛少爷"，其实地位悬殊。但三位分别教古文、数理和英文的塾师发现古耕虞这个孩子学习十分用功，自然也就耐心传授，使古耕虞的知识基础打得很扎实。他在忍辱负重中逐渐长大。

父亲古槐青也在为自立门户作着艰辛的努力。过去同茂丰字号的猪鬃直接在重庆交售给英商白理洋行，然后由该洋行运往上海出口。两年后，古绥之发现，这种就地交售的方式很吃亏，白理洋行居间两边吃差价，尤其因自己不懂国际贸易，无法知晓山货在国际市场的行情，只能听凭洋商报价，毫无主动权。于是从1913年始，古绥之安排族侄古槐青长驻上海，让他开始直接对接上海的洋行。

1919年在重庆广益中学毕业的古耕虞被久别的父亲唤到上海，送进上海圣约翰大学预科英文专业学习。这是旧中国一所十分著名的大学，有"东方的哈佛"之称，荣毅仁、林语堂、张爱玲、贝聿铭等都是其校友。四年的预科学习让古耕虞娴熟地掌握了英语，并取得了"梵皇渡俱乐部"（因校址而得名）——这一达官贵人尊崇社团的会籍。

父亲认为山货业终不长久，实业救国才是正途，古耕虞又遵父命，报考实业大王张謇主持的江苏南通学院纺织专科学习。

1924年，因发现患有色盲不适宜从事纺织业工作的古耕虞辍学回到了父亲身边。之前一年，18岁的他结了婚，亲家在重庆开钱庄。

四

父亲古槐青将"吉亨"字号改为更响亮的"古青记"。年方二十的古耕虞也成了古青记山货行的接班人。照祖宗规矩，无论身份多尊贵、学识多高，要承接父业当掌柜，必须先从店里学徒干起。入行一年多，古耕虞拜了两位师父，一位是受古槐青"托孤"、如古耕虞义父般的廖熙庸，跟着这位忠心耿直、精通业务的廖师傅，古耕虞学会了敬畏规律、货畅其流的诸多经商秘诀。

第二位师父就是已近暮年的英籍商人白耳理，因上辈的渊源，赋闲在家的白耳理，接待了好学谦恭的古耕虞，毫无保留地传授给他猪鬃外贸里的各种专用知识，如报价、发价、提单、装船，甚至到电报密码等。古耕虞曾讲："我确实从他那里学到了很多东西，特别是密码，这是从事国际贸易一门很重要的学问，不但要英文好，而且要数学好。"在洋师父的指导下，古耕虞还通过考试，取得了担任公证人和开办保险公司的资格。

1925年，回重庆仅一年多的古耕虞接替病重赴上海治疗的父亲，当上了古青记的掌柜。一年后父病逝，重担全部压在了这位二十刚出头的年轻人身上。

其时，虽然各国洋行都退出了中国内陆的山货市场，但本地商家的竞争日趋激烈，谁能占据山货市场，特别是占据猪鬃出口的更大份额，一切都是未知数。经过努力已在重庆商场站稳脚跟的古耕虞看到的是全球市场，他想蹚出一条新路来。

美国是当时最大的中国猪鬃销售市场，据不完全统计，全美当时有四五百家制刷厂，所用原料几乎都是中国猪鬃，用猪鬃制成的刷子被广泛用于汽车业、建筑业和日常生活中。1927年初的一天，位于重庆曾家岩的四川省建设厅长何北衡家里，代表美国最大的猪鬃进口商孔公司的两位美国商人与古耕虞见面了。这两人名义上前来考察重庆猪鬃的生产和出口情况，真实的使命是找到已经在美国市场上有了声誉的"虎牌"猪鬃的老板。

席间，操一口流利英语的古耕虞经过融洽的交谈，感觉到梦寐已久的机会来了。如果直销猪鬃给美国孔公司，就可以避开上海和英国伦敦中间商的盘剥，双方均将极大获利，"虎牌"也将占据美国市场的更大份额。关键是如何做才能不惹恼英国人呢，当时，大英帝国还是世界霸主，主导着国际贸易。古耕虞提出签订秘密协议，边改变包装直销美国，边逐渐缩减英方的供货量。这样的状态持续了很多年，终于有一天，他完全停止了对上海英国洋行的供货，实现了全部货物直接出口美国。当英国人发现时，"虎牌"猪鬃已基本垄断了美国的主要市场，信誉日增，已很难再插手了。这段中美两国贸易史上有名的、由秘密到公开的"猪鬃姻缘"持续18年，也造就了两家成为行业翘楚的公司。

根据那个年代的资料记载，能够摆脱居间洋行对出口货物垄断经营的国内商行少之又少，古青记的猪鬃产品能直接输美占据市场，证明了古耕虞的商业才干。由此带来的每年数百万美元的票款额，又使古耕虞结交了上海滩的银行家们，他在银行业的信誉也与日俱增，为国际贸易的履约提供了极大便利。

五

做国际贸易要信息灵、时机准且资本雄厚，但商人们常常忽略其背后蕴含的专业知识。在古耕虞接手古青记的前些年里，重庆不少有名的猪鬃出口商,论历史、论规模、论财力,都远胜于古青记,但就因为他们都采用旧的传统作坊方式经营,既不懂市场规律,又不去研究国际贸易知识,更没有像美国孔公司那样的长期外贸伙伴,所以在与古青记的竞争中都败下阵来。

只不过对于古青记而言,更大的挑战还在后面。

1934年秋,一家注册资本高达500万元的进出口商行——合中公司在重庆开张了,这家公司的老板是中国银行总经理张公权的妹夫朱文熊,他自恃有强大后台,又懂国际贸易,计划做大做强并垄断重庆山货的出口业务。

开业仅数天,西装革履的朱老板就登门造访古青记。看到尚不足而立之年、身穿中式长袍的古耕虞,朱文熊踌躇满志地开腔了。

"古老板,你的'虎牌'鬃虽在国际市场有了影响,但古青记毕竟是一家小字号,根本没有能力做大宗的国际贸易。"

"请问朱老板,谁才有能力做国际贸易?"

"事情明摆着,当然是敝人的合中公司。我奉劝古老板,最好将你的'虎牌'鬃就地全部出售给合中公司,由合中公司去和洋人打交道。这样,古老板也好腾出精力专事国内生产。这个两全其美的办法,古老板以为如何?"

古耕虞啼笑皆非,他强压怒火,思忖片刻后答道:"朱老板如此关照古某,古某深表感谢。只是,合中公司财力雄厚,朱老板又是个做大买卖的人,小小的'虎牌'猪鬃就不需要朱老板操心了。当然,以后还得靠朱老板多加关照。"

不欢而散。目空一切的朱文熊岂肯善罢甘休?他考虑后,决定拿古青记开刀，先在收购猪鬃上以高价方式抢货源。

古耕虞早有预料，他知道此战已无选择，不打也得打。尽管实力处于劣势，但他并不怯战，竞争虽然残酷，但同时也会给他带来极大的乐趣。天生不惧挑战的他渴望击败这个貌似强大的对手。

他利用对手急于进货的心理，暗中指示手下人将一些小厂委托他加工的低等级货品择机卖给了合中公司，自己则亲自下洗房、监督货品质量，精心准备一批质量上乘的货品。朱文熊兴冲冲地收购了几千箱猪鬃，但因缺乏有经验的人员把关，不知不觉间埋下了隐患。他自创"飞虎"的招牌，立即通过上海发运至伦敦，交售给英国鬃商，准备从古耕虞的薄弱环节打开缺口。洞察秋毫的古耕虞此时特意组织一批质量上乘的猪鬃发往已很少供货的伦敦市场，并将售价压得很低。当"虎牌"鬃与"飞虎"猪鬃同时出现在伦敦市场时，消费者们即刻发现一个品牌物美价廉，一个品牌质次价高。买进"飞虎"猪鬃的英国鬃商不干了，集体到中国驻英公使馆交涉，认为合中公司有欺诈行为，要求退货赔款。按照英国法律，买卖双方发生争执，先由行业公会仲裁，再交法院执行，而法院规定的仲裁人恰是"虎牌"鬃在伦敦的代理商。朱文熊思前想后，与其退货，不如赔款，尚能少受些损失。于是邀请当时知名人士、既是艺术家又是商人的八弟张禹九出面说情，以放弃在重庆经营猪鬃为条件，请古耕虞出面向英商申请调解，此事才算基本平息。

不久，朱文熊摘下挂上去不到一年的合中公司的牌子，从重庆销声匿迹了。

重庆鬃商最多时曾有数十家，到抗战爆发前，优胜劣汰的结果，除古青记外，只剩下鼎瑞、祥记、和祥三家，而且这三家也举步维艰。古耕虞本有能力独霸四川猪鬃市场，但他却主动约谈三家老板洽商合作，由古青记经营重庆出口猪鬃的70%份额，其余的30%由这三家分享。他解释道：

> 我必须留有余地，否则会成为同业的冤家，说我古耕虞把别人的饭碗都抢光了。更重要的，这三家能够撑到那时而没有倒闭，其中必有人才。我一定要把这些人才留住。如果统统吃光，这三家的人才就会散伙，万一日后有个三长两短，或者预料不到的变故，没有帮手，靠古青记一家，本事再大也支撑不了一个真正的大局面。

古耕虞有句口头禅："不让别人赚钱的买卖人，不是好买卖人。"他认为同人往来，事先一定要好好算计，如何使自己获得最大的收益，但绝对不能精明过了头，算得对方亏本，今后就没人再同你打交道了。而且，当同行陷入绝境之时，你不妨在人情上"送匹马"，因为此时你如果不送"马"，很可能今后连一根"针"也捞不到。

六

1937年夏，关系到中华民族生死存亡的全民族抗战爆发。无数的企业和国民因为战争改变了命运的轨迹。

当八一三淞沪会战打响、重庆至上海的长江航线被迫中断时，整个重庆也乱了。银行关门，商人停市，进口货价格猛涨，出口货价格猛跌，人心惶惶，抢购日用商品之风席卷山城。为稳定市场局面，进而稳定人心，国民政府重庆行营副主任贺国光于8月15日紧急召集重庆工商界的头面人物会商对策。

会场上气氛肃穆，与会者忧心忡忡，满面戚容。可以想象，骤然而至的战乱已使绝大多数商人乱了阵脚。经过深思熟虑，似乎天生就具备处变不惊气质的古耕虞发言了。他在分析抗战将是一个长期的过程后，建议各大市场马上开张营业，并承诺山货帮的猪鬃由他包购包销，让市场回归正常。

同时，他提出三点请求：第一，海关登陆，报关手续在内陆即可以办理。第二，按战时法令，大量征用卡车，组成车队从昆明出口。第三，恢复出口商与国外的通讯，取消军事机关的密码电报管制。

古耕虞娓娓道来，语惊四座，闻者均已动容。与会者谁也没有想到，这位年仅32岁的古青记少掌柜能在国难之际，从利于抗战、利于稳定市场出发，提出如此有分量的方案和建议。会场气氛一下子活跃起来。

事后证明，古耕虞此举一箭三雕。一雕稳定市场、换取宝贵外汇，二雕挽救重庆山货帮于危局，三雕因国际市场鬃价暴涨，古耕虞靠统购发了一笔意外之财。机遇虽然是他把握住了，但古耕虞的初衷仍出于爱国。

七

外行人是很难将猪鬃与战争联系在一起的，大战一开，猪鬃必然身价倍增。因其是无法替代的制刷原料，而战时，从给军舰、飞机、军用车辆等武器装备刷油漆到清理大炮炮筒，没有一样不需要猪鬃刷的。二战期间，美国政府将猪鬃列为A类战略物资，太平洋战争爆发后，进而颁布《M51号猪鬃限制法令》，规定3英寸以上长鬃全部供应军需，民间只能使用混合毛刷。纽约鬃价市场一直只升不降，以重庆27号鬃为例，1937年前每磅平均价格是1美元，到1941年已涨至2.5美元，1945年更暴涨到6美元。这还是官方价格。

古耕虞这一段时期几乎成了中国唯一的猪鬃出口商。诱人的利益不能不让各方势力动心。

陈光甫是上海商业储蓄银行的创办人、江浙财阀的重要代表人物，抗战后受邀出任国民政府贸易委员会主任委员，主管进出口贸易。国民政府迁都重庆后，他安排家宴，专门邀请古耕虞夫妇商谈成立一家以经营猪鬃为主的畜产出口公司，统筹管控，为国家换回更多外汇，以利抗战。

古耕虞彼时的心情极其复杂，他知道要对抗战有利，不纳入国家管控体系是不可能的，但这毕竟意味着古氏家族三代传承的老字号，即将转变为新型的股份制公司。经过多轮磋商，豁达睿智的陈光甫满足了古耕虞的大部分请求：国内市场将古青记改名四川畜产公司，国际市场仍保留古青记招牌和"虎牌"商标；公司仍由他控股，增加一些国有和少量重庆山货帮的股份；实行总经理负责制，继续请他当总经理,由他推荐重庆名流吴晋航挂名董事长……古耕虞竭尽心力保持了独立经营权,但官方的管理介入也从此顺理成章,古耕虞将迎来他一生中最凶险的一次交锋,对手是孔祥熙的大少爷孔令侃。

国民政府金融体系的核心机构有所谓"四行两局一库"之称,"四行"指中央、中国、交通、农民四家银行,"两局"指中央信托局、邮政储金汇业局,"一库"指中央合作金库。中央信托局的实际负责人就是时任行政院长兼财政部长孔祥熙的长子、担任局常务理事的孔令侃,人称"孔大少"。

孔大少垂涎于猪鬃出口的巨大利益,他毫无顾忌地计划占据"行业制高点",将四川畜产公司和古耕虞挤出市场。1939年9月,一份精心炮制的《全国猪鬃统销办法》由行政院核准公布。这个统销办法规定,全国所有各色猪鬃的收购、运销,均由中央信托局统一办理,猪鬃行业自行收购的猪鬃均须售与中央信托局,不得自行报关出口。同时,经营猪鬃的商行号栈,囤积黑鬃至多不得超过100担,白鬃至多不得超过10担,囤积时间不得超过3个月,如有超过,由中央信托局强行收买;如有走私、居奇操纵者,依法严处。

表面上看,这个统销办法在抗战时期显得无可厚非,但行政院孔院长无疑将整个行业的生杀大权交给了实际控制中央信托局的大公子。当古耕虞按照规定,派员去中信局申办委托手续时,局方不予批准,甚至川畜公司从各地收购猪鬃,想运回重庆,也得不到局方发放的专用运输证,并且各地可随意扣留没收。随后,公司襄理、古耕虞的堂兄古今佛也被挖走,离职去了孔大少所控制的公司负责猪鬃业务。

孔大少想置川畜于死地,古耕虞也退无可退、只能应战,两位血气方刚的年轻人间的争斗在所难免。

古耕虞连夜召开公司骨干会议,讲明公司当前处境和自己的对策,获得大家支持,同时申明纪律,任何人不得与古今佛接触,否则决不姑息。随即,他抢先动作,下指令关闭川畜公司驻香港的分公司,并告知中央信托局驻港总局,川畜即时停止在香港的一切业务活动。这一着棋出手,意味着"虎牌"猪鬃停止出口,美国市场马上会有激烈反应,当然若有其他品牌借此良机抢夺份额,古耕虞也将损失巨大,但他胸有成竹——美国鬃商绝不会轻易接纳其他品牌。

美方的催促压力不断加大,香港中信局的负责人慌了手脚,不断奔波两地疏通,但两边都不退让半步。3个月过去,本就为猪鬃等大宗商品出口而设的中央信托局香港总局无事可做,授意古今佛组织的公司,也因遭同行唾弃无法购置足够猪鬃,行政院意图让中信局统销扩大外汇收入的举措事与愿违。孔令侃终于顶不住了。

1940年2月19日,行政院重新核准公布了修正后的全国猪鬃统销办法,有两处重要变更:原来规定经营猪鬃,得受中央信托局的委托,改为可以"向贸易委员会登记",原来规定商行自行收购的猪鬃"应售与中央信托局",改为"可依照公布价格,售与贸易委员会"。孔大少在这场"斗法"中失败了,他掌握的中央信托局失去了统销猪鬃的大权,也就失去了与古耕虞争夺猪鬃出口巨额利润的机会。

古耕虞长吁了一口气。他后来回忆："官僚资本一度想把我整垮，但我回敬了一下，他们毫无办法。"

八

四川有句土话"不要巴倒门坊狠噻"，意思是不要窝里横，要上得了大场面。与古耕虞善于在国内周旋的本事相比，他在国际市场上的表现更让人佩服不已。

有人曾比喻说，《红楼梦》里贾宝玉有一块通灵宝玉，王夫人叫它"命根子"，古耕虞也有一个"命根子"，那便是他的信用。用他自己的话说，"信用是买卖人的无价之宝，是不能以数字来衡量的"。

猪鬃贸易有个惯例，买卖双方签订了合同，成交之后，进口商（买方）向出口商（卖方）开出信用证的同时，往往把已经成交而尚未到岸的商品预售给自己的客户。如果出口商中途毁约，没有如期交货，出口商自己固然丧失了信誉，同时也会连累进口商丧失信誉，产生损失。

按照国际贸易的有关规定，卖方只有在"人力不可抗拒"的情况下，才可以不按合同约定的日期装船运出。古耕虞的做法是，即使遇到了"人力不可抗拒"的情况，他也会想方设法尽一切可能把货物如期装运出口，决不借故推卸责任毁约。为此，他有一套供应上十分完善的方法，仅仅装有四川畜产公司猪鬃的船只，常保持七八艘在海上，可以保证及时运至国外各口岸。

古耕虞说:"搞国际贸易,买卖双方常常会因不符合同规定发生纠纷,或因不满提出抗议,或因纷争而提请仲裁及索赔等等。几十年中,我的公司没有发生过一件这样的事。"

美国市场不仅大而且每年增速也最快,古耕虞在原有市场份额已经处于优势的前提下继续投入,增大份额,保证其压倒性的地位。他的方式是与美商联营。

1946年,他专程拜会了美国化学银行副总裁、美国财政部司长、世界公司总经理马海德先生。马海德早已知晓古耕虞和他的"虎牌"猪鬃。当古耕虞提出同他合作的意向后,他一口答应,共同成立一个在美注册的"海洋公司"。

海洋公司实际上是川畜设在美国的子公司,它最大的目的是借助马海德的声望在华尔街运作资金。海洋公司成立后,川畜就可以在美国纽约的银行开出大量的见票四个月兑款、年息三厘的信用证,这样一来,川畜的资本便与华尔街的资本挂上了钩。

美国的低息贷款不但让古耕虞有大量资金用于收购猪鬃,而且又能让他待价而沽,赚取尽可能多的利润;愈来愈多的利润又促使他不断扩大经营规模。如此良性循环,是无数商人朝思暮想而不能做到的事情,他却做到了。

商业上的成功让古耕虞有很多的机会参与其他投资,担任社会职务甚至高官,但他说,他只想发财,不想做官,而且只发"猪鬃"财。在他的统领下,四川畜产公司一直占据着全国猪鬃总出口量的大半壁江山,而且中国猪鬃产量也由此高居世界首位。以1946年至1948年3年为例,川畜每年出口营业额均超千万美元,在世界最大猪鬃进口国的美国，虎牌猪鬃出口量达到中国输美猪鬃总量的70%。

古耕虞当之无愧地被冠以"猪鬃大王"的头衔。

九

古耕虞看问题比常人要更深一层，大局观促使他很早就与中共南方局保持着联系，在多次的交往中，周恩来的人格魅力也让他印象深刻，他对中国共产党人备加敬重。

1941年秋末冬初时节的一个上午，古耕虞接到重庆《新华日报》负责人许涤新的电话，他这时除担任川畜总经理外，还兼任着由进出口商人组织的全国进出口贸易协会总干事之职。许涤新在电话里说，下午周恩来先生邀请一些工商界人士到著名民主人士鲜特生的公馆"特园"聚会，请他拨冗参加。若干年后，古耕虞回忆：

这是我第一次见到周恩来。虽然时间短暂，周恩来平易近人的亲切态度，使我一见面就好像遇到了一位多年相知的朋友一般，感到无比亲切。以后，周恩来在"特园"约集我们几位出口商谈了好几次。周恩来在几次谈话中，一再强调猪鬃是重要的战略物资，对战争胜负起一定作用。

在一段较长的历史进程中，国共两个大党的交锋占据了中国政治舞台的主要戏码。在国共斗争胜负未分之前，古耕虞同很多民族资本家一样，很慎重地保持着中立。但与周恩来的交往使他的天平往共产党这边在悄悄倾斜。

1945年10月19日，周恩来应西南实业协会的邀请，出席重庆工商界组织的"星五聚餐会"，作了题为《当前经济形势》的著名演讲。演讲中，周恩来在分析了当时政治环境后，阐述了中国共产党对资本问题的相关观点，他指出，国家资本、私人资本和合作资本都是必然共存的，中国今后肯定还要经过一段保护私有财产、发展资本主义的阶段，中共提倡这三种资本在一定原则下相互协调发展，同时也反对另外三种资本：官僚资本、垄断资本和侵略资本。古耕虞在现场认真倾听了演讲，他对中共的工商业政策有了足够的认识和信心。

而当权的国民政府却让他越来越感到疏离。特别是蒋氏父子的两次举动，让他不得不作出抉择。

抗战胜利前夕，同盟国工商界筹备在美国举行一次世界性的经济会议，中国拟派10位代表参加，古耕虞以高票获得代表资格，并做好了参会准备。凑巧的是，在出国前的一次关于战后经济的座谈会上，他建议不应作高与美元的汇价，否则会影响中国商品在国际市场上的竞争力，并当着政府高官们的面对当局的依赖美元贷款的政策说了几句调侃的话，不料被蒋介石知晓了。当出席世界经济会议的代表团名单报到蒋介石的面前时，古耕虞的姓名被划掉，下书四字：宁缺毋滥。得悉此情的古耕虞只能苦笑地摇了摇头。

1948年8月底的一天上午9点，时任行政院上海区经济管制副督导员的蒋经国，在位于外滩15号的中央银行总行大楼的总裁会客室约见古耕虞。这个时候正是改革币制、发行金圆券上市的紧要关头，蒋经国在上海督阵，要求所有资本家必须交出黄金和外汇，兑换成金圆券。这本是蒋氏父子力图革新国民党腐败政治的一次默契尝试，但结果正如我们所知的，这个政权已烂至骨髓，非一般外科手术可以挽救，金圆券推行的失败导致了蒋介石的下台，也加速了国民党政权的垮台。

古耕虞巧妙应对蒋公子的盘诘，侥幸躲过此劫。

上海的资本家凡是榜上有名的，统统被扣在上海，火车站、飞机场到处都有人监视着……民族资本家本来是中间的，这样一搞，把整个阶级都赶到共产党那边去了。蒋经国先生帮了共产党的忙，确确实实帮了大忙。俞鸿钧（时任正督导员）和我是上海圣约翰大学的先后同学……说我古耕虞当时不讲真话，我笑了笑。在那个时候，要么我拿了黄金美钞去换回一大堆烂纸，要么我去坐牢，你叫我怎么讲真话呢！

共产党对古耕虞是"拉"，国民党是"推"，这一推一拉，就使古耕虞逐渐站到中国共产党和人民这边来了。

到了1949年，解放区的区域不断在扩大，古耕虞开始与新政权做猪鬃生意。借助"川畜"香港分公司的平台，各解放区生产的猪鬃得以外销出口，换回新政府急需的外汇，这个局面一直延续到四川畜产公司被纳入国营之后。

十

开国大典后的第四天,他与周总理见面时的提议并非心血来潮,而是作了全面的权衡的。

……那年我四十五岁。一个年过四十的人,思想应该成熟了。我不是轻率作出这个抉择的。我必须面对现实。中国共产党已经胜利了,不管反动派怎样难受,只要看看全国人民这样热烈拥护共产党,就能明白蒋介石休想再回来了。

在我思想上,有一条完全可以肯定:中国资本家与执政的中国共产党之间,实质上也是与全国人民之间,距离总是越近越好,不是越远越好;矛盾总是越少越好,不是越多越好。

我在用实际行动向共产党表白,我不是口头上说拥护,实际行动上却是三心二意,看风变色。

古耕虞对自己的剖析是真诚坦率的。在事态已明晰时,有些资本家说说漂亮话也是常情,但古耕虞孝从不喜欢遮遮掩掩。他本来就是一个直来直去、实实在在的人。

而且,他的事业心超常。他自称"猪鬃疯",爱猪鬃入迷,"发了疯"。40岁刚出头时,他的头发就全白了,谁也搞不清楚是什么原因,有友人断言:"这家伙是为那几根猪鬃愁白了头。离开猪鬃,他的生命和生活似乎就失去了意义。"

当周总理提出要把猪鬃事业全权交我负责时，我简直像四川人讲的"小孩放火炮，又爱又怕"。过去，我虽然垄断了50%中国猪鬃出口，但现在周总理说的是"全权"，这意味着100%。尽管这100%，不再是我个人垄断，也不再是为我个人发财，但多少年来，我想在猪鬃事业上"执牛耳"的愿望却完全达到了。

对个人财富的追求与他的事业心相比，已不算什么了。这种境界使他的未来人生紧紧与祖国命运相连。

晚年时，古耕虞在给一位中央领导人的信中，深情回顾：

中华人民共和国成立时，我回归了祖国，没有赴美。这个选择，现在想想，我所失的大不了是我在外国银行的存款中少了几个"圈"，而我所得的却是我们的祖国，我们的人民。我能够在中国共产党的领导下，为国家的强盛，人民的富裕，为中华民族的振兴，为我们子孙后代的幸福尽一点力，难道这不是最大的、无上的光荣吗？

十一

一经决策，大量的工作急等着古耕虞去处理。

几天之后，他即离京赶赴天津和上海，调查全国猪鬃产品的收储售卖情况。年底又按贸易部对外贸易司要求，赶赴香港为新政府筹齐500万美元购置新中国成立后的急需物资。

比较费神的事是说服多年跟随的骨干们。1950年年初回重庆时，部分元老重臣中，有的长跪在地向他施压："共产党的事，我们不干。"有的不留情面地谴责他："尔祖尔父，历尽辛苦，手创这份家业，被你毁于一旦，你真真太不成器了！"

一天夜里，他刚刚睡下，突然有人溜到床边把他推醒。他睁开眼，见是自己过去的贴身随从，已有好久没谋面了，他听说此人发财后在家乡买了不少田产。他问："这么晚了，你有啥子事吗？"那人一脸奇怪的神情说："总经理，小的劝你老人家赶快回香港，另谋出路，共产党的事万万干不得呀！"古耕虞只得正告："我的事不用你管了。你不想干就不干，可以回家务农。"

对于各种各样的指责，他起初感到为难，但随即释怀，仔细想想，这些人都是发了财的，当然不会欢迎社会主义，他们有这样那样的想法，并不奇怪。

他开导那些思想仍有疑虑的人：

> 私营四川畜产公司的机构再大，也只是个小集团，我们必须看到一个大集团，国家的、民族的集团。这两者的利益孰大孰小是不能相比的。是小集团利益服从大集团利益，还是反过来？有常识的人，一想就能明白。

1950年3月，古耕虞率川畜全体骨干到达北京，与中央贸易部签订了书面协议，主要内容有：原四川畜产公司人员和财产全部并入国营中国猪鬃公司，原在香港和纽约的机构，作为新公司的一个组成部分，"虎牌"商标交国家所有并使用。

就这样，从古青记创业到发展成四川畜产公司老板的古耕虞迈出了他人生中最辉煌的一大步。

但他却不能马上赴任中国猪鬃公司总经理的职务，新政府有更急切更重要的工作要他去完成，而且只有他能完成——回香港秘密主持全国猪鬃的外销业务，并在美国用猪鬃换回的外汇购买新中国急需的重型卡车轮胎、五金、橡胶等物资。

1950至1951年间，他创造了中国猪鬃出口换汇的最高纪录，出口10万箱，创汇收入8000万美元。而且，古耕虞通过巧妙周旋，将因朝鲜战争爆发被杜鲁门政府冻结的700万美元的外汇设法解冻汇回祖国，当了一回"无名英雄"。几十年后，他感慨畅言：

那笔在美冻结的资金，如果当时我自绝祖国，自甘堕落，完全可以吞没，据为己有。因为那笔钱在银行的户头，明明白白都写在我的名下，打官司也没有用，何况我早已是美国人了。无名英雄比有名英雄难当，有名英雄有人赞赏，而无名英雄却反而常常挨骂。譬如骂我贪图发洋财，当洋鬼子，为什么不肯回国参加社会主义建设等等，甚至引起种种猜测。我有口难辩，因为当时要极端保密，我什么话都不能说。

十二

随着美国杜邦公司生产的人造鬃大量上市，猪鬃作为国际上紧俏物资的地位逐年下降，而国内形势的变化也让一直在市场竞争环境下如鱼得水的古耕虞无所适从。

从1956年到1978年的20余年间，古耕虞作为成功接受社会主义改造的民族资本家代表，受到的运动冲击相对较小，但他渴望施展的外贸才华却已无用武之地。

1979年1月17日上午，时任全国政协主席的邓小平约见五位著名工商界人士。彼时，党的十一届三中全会刚开完不久，全会上决定告别"以阶级斗争为纲"的时代，把全党全国的工作重心转移到社会主义现代化建设上来。座谈会在人民大会堂福建厅举行，来的五位重量级人物分别是63岁的荣毅仁、82岁的胡子昂、84岁的胡厥文、88岁的周叔弢和74岁的古耕虞，都曾是新中国成立以前赫赫有名的"大王"级商人，史称"小平会五老"。席间，大家敞开心扉，坦诚进言，气氛热烈。值得注意的是，五人中有二位渝商：胡子昂和古耕虞。

十三

古耕虞慎重地提出为大陆的资本家摘掉帽子的建议。

在中国工商界中，古耕虞应该是最早公开要求给资本家摘帽子的人。1973年，还处在"文化大革命"的紧张政治环境中，在全国工商联的一次定期学习会上，古耕虞就大胆发言："经过这么多年的改造，还戴着'资本家'的帽子，严重地阻碍了工商界为社会主义建设服务的积极性，能否对原来的工商业者摘去'资本家'的帽子？"事后用他的话说，都快70岁的人了，还怕什么嘛。

1979年1月，在与邓小平会晤的前夜，古耕虞让儿子帮忙，赶写了两份书面建议。在第二天面呈邓小平的同时，他再一次大声疾呼：

改造30年了，今天还戴着"资产阶级"的帽子，从自己来说倒不要紧，问题在于孩子。对资产阶级也像知识分子那样"估价"，许多矛盾就解决了。如果还需要时间，究竟在现阶段要改造什么？要定个标准，怎样才算改造成为劳动者。

我要求党和国家领导人考虑为大陆的"资本家"摘掉帽子。这不仅对他们、对他们的子女和亲属是莫大的鼓舞，而且对全世界、全人类也会产生深远的影响。

1979年6月15日，邓小平在政协五届二次会议的开幕词中向世人宣布：

近30年来，我国的社会阶级状况发生了根本的变化。我国的资本家阶级原来占有的生产资料早已转到国家手中，定息也已停止13年之久，他们中有劳动能力的绝大多数人已经改造成社会主义社会中自食其力的劳动者。我国资本主义工商业社会主义改造的胜利完成，是我国和世界社会主义历史上最光辉的胜利之一。

直到此时，古耕虞多年来的郁闷才一扫而光，他宛若回到了30年前。

十四

英国商人曾说过：古耕虞的合同和英格兰银行的信用一样，决不会发生任何问题。他在国际贸易的长期实践里强调"三个100%"：一是公司100%地保证履行合同上的一切规定，特别是质量和交货日期。二是100%地保持产品质量稳定，决不会这批货好、下批货次，也就是说，他保持产品标准化。三是100%地保证"虎牌"猪鬃能源源不断地供应市场，决不会一时有货，一时没有。有了这"三个100%"的保证，古耕虞赢得了国外客户对他100%的信任。

20世纪后20年，古耕虞撰写了大量的国际贸易方面的著作，他尖锐地指出：

有两个问题必须解决，才能真正迎接国际贸易的挑战。一是商品质量要货真价实。二是要认真履行合约。像我们现在这样只能履约百分之五十多、六十多，实在有失体面。我过去说过99%也不行，必须100%，把最好的信誉建立起来。

1993年，中国对外经济贸易出版社出版了他的专著《论国际贸易和经济建设》，辑录了他近30篇共15万字的文章。

古耕虞在创业上是成功的，但他有自知之明：猪鬃毕竟不是大产业，"当时以我个人的实际财力而言，即使在重庆一地，也只能排在前20名以内"。他最让人称道的是，在亲历20世纪百年中国的巨变中，他的每一次选择都是那么恰当和睿智。

当家中后辈和好友们向他请教人生的感悟时，古耕虞却陷入沉思，他凝视西南，思绪飞向了那生己养己并创业半世纪的山城……他从内心深处迸发出一个自己用一生诠释并对祖国发展至关重要的命题：企业家和企业家精神。也由衷思念起一位同乡和同行人——卢作孚。

从我同卢作孚结识开始至其逝世前的两三个月，一直过从甚密，（我）是卢作孚及其民生事业的得力支持者。我认为卢作孚为人心胸慈善，办事诚恳。应该支持。早在1926年末，其时民生轮船股份有限公司驻渝办事处设重庆千厮门汇源旅馆内租佃的一个房间里，因我有一批羊皮需要运去涪州，找他派船专门走一趟为我运货，卢慨然应允，及时运回。在其后的交往中涉事更多，愈觉其人办事认真，很守信用，我便觉得这个人将来的社会上是会成功的。

年届九旬的古耕虞在这篇悼念文稿中，写下了如此断言：

结合现实，我说两点，也可能说得过分些，我看现在没有一个企业家能赶得上他,我敢于这样说。这不仅仅说他那企业家的经营本事,最根本的是他那种高贵的创业精神,没有人赶得上他;在当代深化改革,建设四化,非常需要和造就像卢作孚那样一批克勤克俭、长于和善于经营管理的企业家,学习他为社会、为民众谋利益而忘我地干,拼命地干的崇高精神。

人生暮年,他发出的呐喊折射出他最深刻的思考:市场经济环境下,企业家的作用太过重要,但这个群体又那么难以造就榜样。

又过了20多年,他呐喊的声量并未见衰减。

参考书目:

★陶纯:《古耕虞》,解放军出版社1995年版。

★王慧章:《猪鬃大王——古耕虞》,中国文史出版社1991年版。

任宗德

任宗德（1910—2007），四川乐山人。20多岁在渝开办酒精厂，成为青年富豪。曾偕妻周宗琼资助《新华日报》等党的新闻出版事业。20世纪40年代受党感召，投资昆仑影业，主持拍摄《一江春水向东流》等大批进步影片。1980年，担任全国政协文史专员。晚年移居香港。1983年、1988年分别当选第六、第七届全国政协委员。

青年实业家的初心

一

1978年3月，中国儿童艺术剧院排演了一部话剧《报童》，作为新中国成立30周年的献礼剧目。也就在那一年的年底，召开了深刻影响中国历史的党的十一届三中全会。

当时能给观众带来深刻印象的戏剧及电影还很少。这部剧反映了周恩来抗战时期在重庆主持中共南方局工作过程中，重庆的报童们克服困难支持党报《新华日报》发行，从而鼓舞和激励广大市民的故事。由于周总理形象的深入人心，加之故事里报童形象设计及情节构思的不凡，该剧马上得到群众的热捧，并荣获多项国家级的奖项。40多年后，中国儿童艺术剧院又重排此剧，作为建党百年的献礼，说明此剧非凡的影响力。

《新华日报》于1938年至1947年在重庆坚持发行了近十年，是让当时国统区民众了解中共大政方针的主要宣传阵地，甚至是唯一的展示窗口，重要性不言而喻。周恩来亲自兼报社董事长，社长是潘汉年，还有一名总经理熊瑾玎。熊瑾玎专管报纸出版经费筹措和发行工作，他是一名老地下党员。那时陕西延安的共产党人缺衣少食，自力更生，艰苦奋斗，不可能有什么经费资助，要在国统区维持一份大报的生计，熊瑾玎可谓呕心沥血。谈及此处就不得不提起一位年轻的商人。

这位在重庆办酒精厂的商人，当年刚届而立之年。他后来回忆：

从1940年到1946年，我一直通过周竹安，为《新华日报》提供了大量的周转资金。当时，《新华日报》经济很困难，经常难乎为继。每当报馆经费短缺之时，熊瑾玎总是直接的而更多是通过周竹安找我商借，成百万，上千万，总是要多少就借多少，一口答应。这些资金，不但不计利息，而且连法币贬值的损失也不要报馆负担。报馆有钱就还，没有钱还就挂在那里，直到抗战胜利就不了了之。这实际上是资助捐献，我根本无意让报馆偿还。朱端绶等人不止一次地讲过："那时的国防动力酒精厂就是《新华日报》的金库，随时需要就随时到周竹安那里去取用。"

朱端绶是熊瑾玎的夫人，她说的国防动力酒精厂的年轻老板名叫任宗德，周竹安是任的助手，也是经熊瑾玎安排在他身边的地下党员。

二

任宗德的大名对于老一辈电影从业者应该不会陌生。

近几十年我国的电影事业发展很快。涌现出票房居世界前列的一些作品，如《战狼Ⅱ》《长津湖》《你好李焕英》等，这得益于编导、技术、演员、院线、宣传等各方面的进步。针对票房，研究学者也有一些说法，说综合观影人数占比、全国屏幕数量等因素考量，《少林寺》应该算是我国影史上票房最高的电影。以此类推，1947年在全国公映的昆仑影业公司制作的《一江春水向东流》也应该算得上创票房奇迹的电影。而任宗德就是这部影片的主要投资人和制片人。

《一江春水向东流》以一个家庭的悲欢离合为主线，展示了抗战前后国人生活的广阔画卷，由蔡楚生与郑君里合作编导。这部影片一公映，即打破了当时上海院线被美国影片独霸的局面，创造了首轮连映209天的神话记录。当时上海总人口约500万人，实际到影院观影超过70余万人。之后该片陆续在东南亚各国放映也引起热捧。20世纪80年代因投拍影片有限，电影局在安排该片重映时依然好评如潮，人们争相观看。这部影片被赞为中国电影的里程碑之作，蔡楚生也因此被誉为"中国进步电影的先驱者"和"中国现实主义电影的奠基人"。

但在拍摄的9个多月过程中，这部影片可谓命运多舛，一波数折。最终还是因任宗德全力救急，不计得失，才没有留下电影史上的遗憾。

1946年6月联华影艺社成立后，拍了《八千里路云和月》和《一江春水向东流》，开始一切都进展顺利。后来，作为总召集人的章乃器先生日渐感到自己在创作、管理尤其是在经济上都作不了主，……但所投入的十万美元资金已全部用完，联华影艺社面临着拍摄经费的巨大缺口。

由于章乃器先生执意退出，为使进步电影事业能继续存活，也为了使在摄影片能够完成公映，阳翰笙与任宗德反复研究，最后决定接受章乃器先生退出，由任宗德支付其所投的股金，并将联华影艺社改组为昆仑影业公司，继续投资拍摄《一江春水向东流》。

完全没有想到，到1947年夏秋之际，《一江春水向东流》下半部即将拍完之时，夏云瑚（另一制片人）突然提出他不愿再干了，要撤出资金，出国另谋发展。当时，为拍摄下半部筹集的又一笔十万美元的资金已经用完，昆仑公司又陷入了财政困境。为了顾全大局，我又拿出几万美元给摄制组，总算保证了《一江春水向东流》的最后拍摄和后期制作，使整个影片得以完成。

这一年，任宗德年仅37岁。是何原因让他不惜血本、义无反顾地资助《新华日报》并投资进步电影事业呢？又是什么机缘让这位毫无根基的年轻人积累了如此巨额的财富呢？

三

任宗德生于1910年。15周岁前，他一直生活在四川乐山县城。

玉成栈是我祖父开的客栈，常年住着云南帮、西昌帮的商人，其实就是现在公寓式的旅馆。祖父早年租地建房，修了这座称之为五进三厅的旧式庭院。大门进去，是两排客房，其中有三四十间，出租给外地客商长期居住，最后一进的厅堂房间是我家三代和用人、帮工居住，同住并不拥挤。青瓦粉墙、板隔木梁，组成了这座颇具规模、颇有气派的栈房，在当时的乐山堪称一流。

天清气朗之时，花前月下之际，祖父常在这里与亲友客人品茗漫谈，我辈孩童则嬉闹追逐于花影树荫之间，兴趣盎然。那明净如水的月光，那沁人心脾的花香，和着那一串串稚嫩甜脆的欢声笑语，浸润着深深庭院，使人仿佛置身于天界仙境之间。

任宗德祖父任世光出生于清咸丰年间，原籍湖北麻城孝感。"年轻时随乡人入川经商，先在邻水做生意，后到乐山定居。由于经营有方，赚得一笔资产……做过多种生意，到后来主要经营白蜡买卖和开办旅馆玉成栈。"他在家中实行绝对的一言堂，父权思想十分强烈，对两个儿子寄予厚望，但又教育失当，过于严苛，造成任宗德的伯父和父亲均未能正常继承家业。伯父年轻时因考科举失败而疯，后癫狂而死。父亲由于被管制过严，成天无精打采，抑郁寡欢，陷入碌碌无为的境地。

任宗德10岁那年，祖父逝世，全家商量分家。分家3年后，父亲又因长期心胸郁闷得病离世。13岁的他到云南帮开的丝厂当了学徒，度过两年多繁重琐碎的打杂生涯。当时他心中的念头是"吃得苦中苦，方为人上人"，因此始终咬紧牙关坚持着。

我生活过的这个商业世家，我交往过的那些亲友商店，对我成人之后立身处世影响甚巨。祖父虽然令我畏惧，但在我心目中却是最具成就感、最受人尊重的。我不能像父亲那样无所作为劳碌一生，我要效法祖父，做一个创业者，走出自己的成功之路。

四

15岁时到重庆读书，改变了任宗德的命运，也让他终身与山城联系在一起。1926年秋，任宗德随毕业于华西大学的三哥乘轮船离开故乡乐山，经宜宾，过泸州，到达重庆，插班到私立世才中学读书，半年后又转学到很有名气的教会学校求精中学。

随后的10年，按现今的说法，任宗德是"真能折腾"，但这也为他成就大事做了充分的铺垫。

任宗德似乎有一种天赋，他只对做事的结果感兴趣，绝不在虚名处停留半刻。1929年底，在马上就要从求精中学毕业之际，他觉得教学内容已无新意，置毕业文凭于不顾，与同学相约坐船出夔门，赴上海和北京求学。辗转上海各大院校，发现所带钱财不够，又赶至北京，进入收费较低、名声尚可的私立华北大学预科，学习应用化学专业两年。1932年春，大学预科毕业，可以就读本科时，又因经济拮据，与同学相约回重庆帮助其家人开办肥皂厂。厂里刚出产合格产品，能开出稍高薪水不久，他又被高薪挖走，担任一家叫天成的机械厂高管，开发脚踏缝纫机和搪瓷制品等适销新品，一年时间给老板创造大量效益，年底就获得近5000大洋的工资和分红。若还在肥皂厂打工，任宗德的年收入不会超过700大洋，他庆幸自己"折腾"的效果还不错。

1935年春，未满25岁的任宗德花费1000多大洋在牛角沱江边修建了一幢二层小楼，地势和风景绝佳，"可以看到嘉陵江上船舟穿梭往来，可以听到沉雄悠扬的川江号子"。五月，他迎娶了自己心仪的新娘周宗琼。周宗琼是正宗的重庆姑娘，与任同岁，两人因同时在北京求学而相识，回重庆后几经往来遂定婚约，任宗德就是这种说干就干、果敢简明的个性。

经营天成四年，我积累了几千元大洋的个人资金。在当时，这是一笔可观的财富，成为我兴家立业的原始资本。同时，我取得了丰富的管理经验，建立了广泛的社会联系，拓展了通畅的经销渠道，成为重庆崭露头角、渐有影响的青年企业家。

可"折腾"的习惯让任宗德不可能停下脚步，他很快便再一次出发。

五

助力任宗德成就伟业的神奇力量来自科技。他有限的化学知识对其创富生涯产生了极佳的"化学反应"。他和周宗琼商量脱离天成机械厂，创办酒精厂，提炼高纯度酒精并销售，走上了独自办厂创业的道路。

1937年7月卢沟桥事变爆发。"抗战军需，急需大量动力燃料。而当时全部依赖进口的汽油异常紧缺，只得以酒精代替。……这给我提供了一次难得的商业机会。"经与朋友商议，他分别于广安和江津开办胜利酒精厂和国防动力酒精厂，因销路好，1941年又在内江修建以糖蜜作生产原料的动力酒精制造厂。"连续兴办三家酒精厂，我都大获成功，赢得了大笔利润。"

由于动力酒精市场销路好，赢利可观，自然引得资本家竞相投资建厂出产酒精。仅重庆就成立了十来家酒精厂，还聚议成立了同业公会。"七君子"之一的著名律师章乃器先生也办了家规模不小的上川酒精厂。可为何唯独任宗德的厂效益最好呢？关键在于"我学过化工，懂技术，是内行，通晓酒精生产的全部工艺流程"。

动力酒精醇浓度要求在标准温度下达到百分之九十六，但多数厂家的产品只有百分之九十三、九十四，却还是按标准产品的价格出售，用户颇为不满。而我们酒精厂的产品，醇浓度高达九十六以上，超过标准产品的技术指标，自然受到用户的好评和欢迎，销量大增，获利丰盈。之所以能在同行业厂家中成效卓异，利润最高，主要是由于我厂技术先进，有一套优越的经营之道。

俗话说，人脉决定财脉，财脉决定命脉。年轻的任宗德成功的另一秘诀是精心搭建人脉的能耐超乎常人。他很早就谙熟财聚人散、财散人聚的真理。

每次开办酒精厂，即使测算收益再高，任宗德也会邀约朋友一起投资，他占三分之一股权，并出任总经理，全权主持建厂和日后的经营管理。广安厂是与聂荣臻的堂兄聂荣贵等合作，江津厂的另两位股东分别担任过国民党省部议员和银行行长。为规避各方面干扰，他又将设在化龙桥的营业处部分房屋廉价出租给国民党44集团军驻渝办事处的处长居住。销路上，"抗战期间，动力酒精的最大买主或客户，一是军队，二是邮政"，任宗德通过股东与国民党军队中管理专购油料的交通司的人拉上了关系，自己又通过一个偶发事件，与川东邮政管理局建立了良好且稳固的合作销售渠道。

一次，日寇飞机将川东邮政管理局停泊在长江边的一艘铁壳趸船炸沉，船体全部沉入江水之中。为了部分地挽回损失，川东邮政管理局便在报上登载启事，公开招标拍卖沉入江底的趸船。经过实地考察和计算，我以为此事于公于私皆有利，遂决定投标购买……江津厂的第二期工程和内江厂的兴建，都正好用上了这批铁板和机械，余下的铁板和机械设备拿到市场出售，很快卖得十来万大洋。扣除标价和打捞、拆船的费用，计算下来，净赚了几万元大洋。当时，一万元大洋可以办很大的事。

任宗德投标购船，邮政局的官员认为他慷慨大方，给他们弥补了损失。他们又了解到国防动力酒精厂的产品质量最好、产量最大，可作为邮政局动力燃料最优良、最可靠的来源，即提出包销该厂的酒精产品。"我厂酒精差不多一半的产量，都销售给了川东邮政管理局，这样，我的酒精销路，就有了保证。"

抗战八年，任宗德从一名仅有数千元大洋的创业者成为巨商，不仅有当时重庆城里实力最强的酒精厂，还有面粉厂和锯木厂。1944年，他甚至接办、重组了一家商业银行。当时，建工厂，做生意，签合同，凡是涉及筹资放款之类的事，都必须有一家银行担保，没有自己的银行，金融运作很不方便。正好有一家叫聚丰银行的私人银行招股出让，任宗德就去控股转到自己名下。这家银行的原董事长是甘典夔，曾出任四川省财政厅厅长，在蜀中金融界享有盛名，因年岁渐高，自愿隐退颐养天年，他将自持的一半股权转给任宗德，并请任接任了董事长。聚丰银行还算经营有道，在重庆市数十家公私银行的激烈竞争中站稳了脚跟。虽然获利不多，但任宗德斥资5000万大洋购买的股权，就是买这张银行的招牌，给自己在融措资金、赢取信誉、避开金融风险方面助力良多。

兴办经营这些工业、商业、金融业，使我积累了大量资本。抗战时期，我的经济最主要的来源，是生产经营动力酒精，尤其是江津厂和内江厂，获利最多。当时经营动力酒精，至少有百分之十的利润可赚；何况我们生产的酒精数量大、质量高，供不应求，销路畅旺，故利润率远在百分之十以上。由于兴办实业成功，我当时拥有十几亿法币的财产。按两百万法币兑换一万美元的时价计算，我的财产也值几百万美元。以我的财力，也算得上是重庆有数的有实力、有影响的大实业家,是几十名开办着大工厂、大银行的富豪之中的一员,有着相当好的市场信誉、人际关系和社会地位。但我从不炫耀,从不张扬,只是埋头实干,苦心经营。

六

坐落在化龙桥路东靠嘉陵江一边的任宗德宅院共二层,每层120余平方,各有四间房。楼上一间作办公室,一间作夫妻卧室,另二间交44集团军驻渝办使用,楼下四间也未隔断作备用,楼房前后有70平方左右的空场院坝,四周筑有围墙。当时化龙桥一带房屋很少,这栋楼房显得尤为突出醒目。

1939年,重庆"五三""五四"大轰炸之后的一天上午,声称是新华日报社工作人员的一位老者和一位少妇登门造访,来商议租赁房间之事。老者自称叫熊瑾玎,是报社总经理,大有儒雅长者之风,女子是他夫人朱端绶。他们谈吐平和文雅,态度亲切诚恳,毫无倨傲之气,立即使任周二人产生了好感。当熊瑾玎提出要租用底层的四间房屋作为《新华日报》的发行所时,任宗德毫不犹豫地一口答应了。

这是我第一次与熊瑾玎夫妇接触,也是我第一次结识公开的共产党人。正是这次接触,影响和改变了我们人生命运。

我们欢迎《新华日报》工作人员前来居住,完全出于进步青年的爱国热诚，别无他图。因此，当熊总经理提出房租之事时，我就说以后再议吧。日后，熊老多次要付给我房租，我都没有接受。我知道《新华日报》经济困难，开支很多；更主要的，我认为这是有利于抗日救国，有助于《新华日报》发展的好事，理应相助。

熊瑾玎是中共著名的"十老"之一，与徐老（徐特立）、谢老（谢觉哉）、董老（董必武）、吴老（吴玉章）关系均十分密切。他1886年1月出生于长沙县乡村的一户小康之家，早在1916年，就结识了毛泽东、蔡和森、何叔衡等人，加入新民学会、长沙文化书社等进步团体。1927年，在腥风血雨的白色恐怖中，他加入中国共产党，1928年4月，赴上海担任处于地下状态的中共中央秘书处会计科科长，负责管理党的活动经费，因善于理财，精于筹划，常受到周恩来的表扬，被誉为"红色管家"。熊瑾玎和朱端绶经营的"福兴商号"，也成为党中央在上海最重要的秘密机关，是中央政治局成员经常开会办公的地方。1933年4月，因叛徒指认，熊瑾玎、朱端绶相继被捕。直到1937年全民族抗战爆发，国共两党第二次合作形成，周恩来派人前往营救，当年9月熊老才得以保释出狱，他是抗战后我党营救得释的第一名中共党员。1938年1月，熊瑾玎出任新华日报社总经理。

此时的任宗德、周宗琼虽小有所成，也仅是不足三十岁的年轻人。报社里大多是朝气蓬勃、精力充沛的上进青年，看到他们过着最低标准的艰苦生活，公而忘私、精神昂扬地紧张工作，任周二人不由钦羡向往，也唤醒了自己蛰伏多年的爱国奉献之心。

周宗琼性格刚烈直爽，两人创业伊始尚艰难时，她对现实极端不满，引发苦闷焦虑，精神状态堪忧。有一天突然到电报局给延安毛泽东发了封电报，表示拥护共产党抗日救国的主张。当时国共尚未谈判合作，四川反共气氛仍然浓厚，马上就有军人将她看管起来，准备纠缠迫害，任宗德找人疏通，并雇请女佣日夜看护才作罢。后来病情发作时，任宗德要去广安建厂，就让人把周宗琼绑在滑竿上陪伴身边，边照顾边做事。他知道曾在北京读书时浸润许多进步思想的年轻妻子是因为有不满世道的心结，一遇挫折就容易偏激。

与熊氏伉俪的近距离相处是一次良好的契机，能为进步事业做一些力所能及的事情，周宗琼的心情自然就舒畅许多。看到熊瑾玎白天黑夜，都与20多位青年人工作吃住挤在一层狭小的空间里，任宗德与周宗琼商量，将自己卧室用布帘隔成两间，各安一床，"熊老夫妇住东床，我们夫妇住西床，两家朝夕相处"。

我对熊老不平凡的革命经历至感惊奇，甚为敬佩，每当我有意问及，熊老总是说那是一个共产党员应该做的事，勉励我向那些为国为民壮烈牺牲、奋斗不息的仁人志士学习，走上爱国进步的人生之路。熊老的谆谆教诲和处世笃行，对我影响至深。他不但是我接触认识的第一位共产党人，而且从此成为我人生道路上一直尊崇的长者和导师。

1939年秋的一天，熊老推荐他的老朋友周竹安到任宗德处就业，介绍说周竹安刚从法国回来，有学识，很能干，一定能协助扩大事业。任宗德欣然应允，任命其为总经理秘书，逐渐成为任宗德的参谋、军师和第一助手，权力很大。周竹安为人和善，多谋善断，与任宗德配合十分默契，为他日后扩展实业助力极大。在新开办的事业中，在周的建议下，任宗德也尽量考虑兼顾党的事业需求，如开办面粉厂和锯木厂时，就任命两名地下党员沙千里和龚饮冰担任厂长，安排大量的进步人士入厂上班。

后来，任宗德才得知，周竹安与熊瑾玎是同乡，大革命时期就已加入共产党，因曾被反动派怀疑面临危险，被党组织安排远走法国十余年，继续从事革命活动。欧战全面爆发，才奉命回国。对于周竹安，任宗德很尊重，很信任，很倚仗，大小事情常与他商量。后来把经济上的一切权柄都交给了他，委托他全权处理。上亿的资金出入，上百两黄金的收支，只要周竹安报告一声，招呼一下，任宗德都批准，无不放心。

1941年初皖南事变后，新华日报社受到国民党军警特务更加严密的钳制监视，为了撤退安置干部，需要相当多的费用，报馆经费空前紧张短缺，这时，任宗德通过周竹安不断提供资金，解了燃眉之急。

> 对周竹安与《新华日报》的经济往来，我一贯支持，但从不过问。这些资金用于大业正道，是我对抗日救国的一点贡献，是我追求革命进步的一种体现，我为之高兴，为之欣然。

七

韦家院坝16号，曾几何时是一个十分有名的门牌。1941年，任宗德在这新修一幢大楼，作为国防动力酒精厂的总管理处。这里处于重庆城中心，西距民生路新华日报营业部不到半里，东面紧靠临江门城墙，城墙外是滔滔嘉陵江，重庆大轰炸中该处成为一片废墟，任宗德在此购地两亩建楼。大门进去，是一个当时极少有的标准网球场，球场东面是城墙，北面就是这座庭院的主体建筑，一幢三层大楼。大楼底层有一个大客厅，可以一百来人聚会跳舞，有大餐厅，可宴请近百人就餐，二、三层是办公室和住宿处，也有几间会议室及娱乐室。屋内陈设讲究，设备先进，家具精致齐全。1941年底，任宗德夫妇与周竹安等总管理处的工作人员都陆续搬进了韦家院坝。此处来往人员众多，在正常的人际交往和生意接洽的掩护下，成为中国共产党在重庆市内的一个重要活动据点。

搬至韦家院坝16号前，为了躲避日寇轰炸，任宗德曾在虎头岩修建一套房院，得益于地势高和有防空优势，就被国民党别动总队副总队长贺明宣盯上了，要求与他家合住。别动队是国民党的武装特务组织，负有防止异党、监视进步人士等特殊使命。任宗德紧张地与周竹安商量，周竹安一听就表示赞成，觉得可起到"护身符"作用。之后，任贺两家甚为融洽，贺副总队长的儿子还认周宗琼作了干妈，原说妥的房租也就一分未收，贺明宣还放了一些现金在任宗德处，说放款吃点利息。一年后，任宗德连本带高利息还给贺明宣，贺明宣很是高兴，特地请客，给任宗德引见了别动队总队长、大特务头子康泽。

看到任家与这些人物交往，自然没有什么角色再来给任宗德和他的生意添麻烦。贺明宣之后介绍了不少稽查处、宪兵团军官和国民党将军与任宗德交往，他们经常接受宴客、跳舞，甚至小住。常出入韦家院坝16号的还有重庆卫戍司令部少将处长程炯和某集团军的中将军法总监卢子英等。

我以一位只知兴办实业、不爱过问政治、名望显赫、腰缠万贯的大资本家出现，拥有大工厂，建有大公馆，设有网球场，家中舞会筵席不断，座上社会名流常来，贺明宣、程炯、卢子英他们怎么也想不到我与《新华日报》与共产党有那么密切的关系，从来也不知道在我的工厂企业里有不少像周竹安这样的共产党员。可以说，这些国民党方面的社会关系保护了我，实际上也就掩护了一些共产党人和进步人士。

1942年春的一天，熊瑾玎突然造访，与任宗德夫妇商量要事。因国民党推行反共高压政策，周恩来提出找几十位文化界人士开次座谈会，商议如何冲破禁锢和控制，但地点很不好找，红岩村、化龙桥报馆和民生路营业部这几处特务监视很严，参会人的安全无法保障。熊瑾玎和夫人朱端绶一致建议韦家院坝16号。任宗德一听，连声应承。次日傍晚，周恩来就在熊氏伉俪的陪同下亲自察看会址状况。这是任宗德第一次见到这位仰慕已久的大政治家，他被周恩来的仪态、神情、谈吐所深深折服。

几天后，座谈会如期举行，"到会的有沈钧儒、郭沫若、陶行知、邓初民、李公朴、沙千里、阳翰笙、老舍、应云卫、宋之的等四十多人。周恩来主持座谈会并讲话，提出了重要的意见和想法。经过充分讨论，决定集中力量开展话剧活动以冲破国民党在政治上和文化上设置的重重障碍，壮大抗日进步力量的声势，推动大后方民主运动的发展"。

1944年冬夜的一次会议最有戏剧性。周恩来计划召开一次有一百多位民主进步人士和文化界人士参加的会议，畅谈国内外形势和当前的工作任务。因为掩护的工作量巨大，韦家院坝作了十分细致的安排。会前几天就放出口风，要在某月某日举办某老夫人寿宴。当天席设一层大客厅和二楼客厅。傍晚，中国艺术剧社和中国电影制片厂的男女演员就入席烘托氛围，所有在一层的人员就是要参会人员，二层则留给宴请的一些国民党人士，其中有蒋介石二公子蒋纬国一行和程潜女儿等。酒席一完，二楼客厅音乐大作，舞意正浓；一楼大客厅里，周恩来在李维汉等陪同下，到场分析形势，充分交流想法。大院外面的特务警察看到"二太子"都在里面跳舞娱乐，不可能对这次祝寿活动有什么疑虑了。

任宗德回忆，那几年到韦家院坝的知名人士很多，他能列出姓名并较熟悉的就有百位以上，最多的是两类人士，民主进步人士和文化艺术界名流。夏衍、于伶、金山、宋之的等人领导的中国艺术剧社，从1942年冬成立后，几乎每一个周六晚上，都到院坝开展活动。由应云卫、陈鲤庭、陈白尘等领导的中华剧艺社的成员在重庆演出时，都来这里聚会。这两个团体都是受共产党领导的进步文艺团体。中国电影制片厂是国民党官方的电影机构，其中既有爱国进步人士和地下党员，也有自由散漫、讲究个人情调和明星派头的人员，他们也都会到韦家院坝参加活动。

1945年，世界反法西斯战场上形势大好，胜利的日子即将到来。在院坝的一次座谈会上，艺术家们达成了一项共识，请沈雁冰（茅盾）编剧、宋之的主持、赵丹等主演，创作一出话剧在重庆上演，以便推动在国统区内的民主革命运动。这部剧就是茅盾创作的第一部，也是唯一一部话剧《清明前后》，整个演出由刚在韦家院坝16号成立的凤凰联谊社实施，任宗德承担了这个演出活动的全部经费，共计800万元，这是他在抗战胜利前夕拿出的最大一笔资助进步话剧运动的资金。

《清明前后》排演完毕，经阳翰笙联系，在重庆著名的国泰大戏院首演，好评如潮，山城为之轰动，之后在其他大城市甚至延安相继演出。后来任宗德听说，请茅盾先生写这样一部题材与民族工商业直接相关的剧本，是出于周恩来的授意，心中尤感欣慰。

当年8月，抗战一胜利，周恩来即指示阳翰笙等要考虑在上海新创一家电影制片厂，作为共产党在上海国统区的文化阵地。阳翰笙通过熊瑾玎、周竹安将周恩来的意思告诉了任宗德，希望他在经费方面多想办法。任宗德当即应允，随后多次与相关人士在韦家院坝16号商谈筹备事项，初步商定以凤凰联谊社的成员为未来制片厂的主创人员和主要班底。

抗战胜利后人们一致认为，在重庆作为战时首都期间，有两处民主进步人士最重要的活动据点，一是"特园"，另一处就是韦家院坝16号。前者的活动基本上是公开和半公开的，而后者除少量活动半公开外，全都是秘密进行。由于安排周到，布置严密，共产党人和民主人士的重要会议及集体活动，都愿意选在院坝进行。

任宗德在回忆录中自豪地总结：

抗战期间，所有安置在我的工厂、银行的地下党员和进步人士，没有一人暴露，没有一人被捕；所有党组织在韦家院坝安排的各类活动，没有出过一次差错；所有共产党让我办理的事，也从来没有出过一点毛病和问题。

八

陶行知和翦伯赞是任宗德在抗战期间相识、交往中又觉获益颇多的两位友人。

我与陶先生交往主要是在抗战胜利前后，而与翦先生的交往则主要是在新中国成立前后，两位先生的人格魅力、高超学识、道德风范、民主精神，对我都产生了重大的影响，推动着我在进步的道路上走向新的人生。

任宗德在学生时代就早闻陶行知先生大名和事迹，"心仪崇敬已久"。1940年，因育才学校经费问题通过周竹安，两人相识了。"陶先生那时四十八九岁，正当壮年，显得生气勃勃，神采飞扬，"而任宗德年仅30岁。甫一见面，两人即商定聘请任宗德为育才学校董事会董事，给予办学资助。

之后，任宗德曾多次去育才学校，当时，学校设在距北碚不远一座破败的古庙里，条件十分艰苦。后移入市内情况好转，但办学经费仍常感短绌。可陶先生和师生们虽过着极其清苦的生活，却矢志于提升教育质量，毕业生在重庆和大后方口碑极佳。陶行知经常向任宗德提及武训，称很钦佩武训行乞兴学的义举，常以当代武训自称，鼓吹开展"新武训运动"。有一天，陶行知郑重地将一幅武训画像赠送给任宗德，上题"以武训为师"，还在画像之侧赋诗一首。

1945年春，陶行知参加中国民主同盟，出任同盟教育委员会主任委员，与李公朴等酝酿筹办社会大学。任宗德又欣然担任第一届校董，继续出资协助办学。在开办典礼上，陶行知给任宗德引见了翦伯赞，并介绍，翦先生曾到法国深造，学识渊博，见解独到，造诣精深，是当代中国著名的历史学家，社会大学能聘请到他执教实为幸事。

翦先生身量清瘦略高，颇为儒雅，长方脸上突额深目很有特色，身着蓝布长衫显得朴素稳重，给我留下了深刻的良好印象。略叙数语，片刻往返，即有相见恨晚之感，遂订忘年之交。作为社会大学的校董，得知翦先生愿意出任教授参与教务，我更是十分感激，备觉亲近。

在创办社大前后，任宗德还接受陶行知建议，出资5000万元创办了大孚出版公司。由陶行知任总编辑，周宗琼任经理，周竹安任副经理，王敏（中共地下党员）具体主管业务。大孚公司相继出版了郭沫若、翦伯赞、陶行知、刘启戈等人的重要著作，使当时文化界出版界为之一振。随即又顺势出资创办《民主周刊》，由陶行知作发行人，邓初民为总编辑。

抗战胜利后，大批民主进步人士和文化艺术界人士，陆续从重庆从大后方来到上海。熊瑾玎、周竹安及许多朋友劝任宗德说，中国的经济重心在上海，应赴沪另图发展。任宗德先去考察了一个多月，将重庆的工厂、银行等事宜作了恰当安排后，决定将事业重点从奋斗十余年的重庆逐步移至上海。

他先拿出几根金条，从外国人手中"顶"来永业大楼一个单元的房子作为办公场所。又在原法租界爱棠路爱棠新村买下了一栋三层楼的花园洋房。"这是一幢新建的西式楼房，式样别致，设备齐全，宽敞舒适。底层一楼是客厅、餐厅，还有厨房和车库。二、三楼是住宿套房，每套房中都有卧室和卫生间。"任宗德住二楼一处套房，其他套房供同事和友人前来居住。

1946年7月25日早晨发生的事件让任宗德抱憾终生。当天，已在此借住一个多月，平日用早餐极其准时的陶行知先生一直未下楼来吃早饭，任宗德与友人上楼查看，发现陶先生瘫靠在卫生间马桶旁，头发热，面带赤，口中大喘气，病状十分严重。当周恩来和众多友人赶到时，陶先生已因脑溢血溘然长逝。医生诊断，应是太劳累，太紧张使血压急剧升高所致，任宗德不由得想起，仅十天前陶行知先生得知李公朴、闻一多两位挚友在昆明被特务暗杀后，难以抑制的悲伤情形。

周恩来当场说道，陶行知先生的逝世，是中国人民的一大损失，是民主运动的重大损失。陶先生虽然不是遭无声手枪暗杀的，但也是在反动派的威胁迫害下牺牲的。我们要举行仪式，隆重祭奠三天。三天之后，出殡之日，来一个民主大游行、人民大示威，以表继承陶先生的大业宏志，以慰陶先生在天之灵。在周恩来的指导下，在民盟中央的主持下，陶行知先生的祭奠出殡仪典，举办得既隆重、肃穆、震撼人心，又声势浩大、影响深远。

九

1946年10月间，国共谈判破裂，内战全面爆发，周恩来在即将离沪宁返延安之前，在上海马思南路周公馆约见了任宗德和周宗琼。陪同会面的还有李维汉、邓颖超、翦伯赞、华岗、范长江、沈钧儒等人。此时，任氏伉俪也仅36周岁。

周恩来对我谈了许多话，有赞扬，有勉励，更有庄重的希望和嘱托。概括起来，周公对我的要求和嘱托主要有两点：一是要我把大孚出版公司办下去；二是要我尽力支持好新组建的电影制片机构，坚持住这一文艺阵地。……周公无限坦诚的信任，语重心长的嘱托，使我激动，令我振奋，同时也深感责任重大。

席间大家提议翦伯赞接任大孚出版公司总经理。当年5月，翦先生就已到上海，旅途劳顿得病，因生活清苦，无钱住院看病，就寄宿在一友人家中自我调理。任宗德和周宗琼知晓后，马上把他接过来，提供各种条件治病调养。接任出版公司总经理后，翦伯赞又积极推进出版了一批进步书籍。到1947年冬，由于管控封锁越来越严，翦伯赞只得举家迁至香港，但也继续指导出版公司的编辑出版工作，一直让大孚出版公司正常经营至上海解放，后被合并入上海文艺出版社。

相较于出版公司，投资发展电影制片机构的事，就十分曲折复杂了。

按照1945年秋冬在重庆韦家院坝的商谈结果，以凤凰联谊社成员为班底，组建新的电影制片机构，定名为"联华影艺社"，于1946年6月在上海徐家汇正式宣告成立。投资人是章乃器、任宗德和夏云瑚。其中投资最多的章乃器是著名的爱国民主人士、实业家，在上海滩及长江流域都有影响力，投资最少的夏云瑚即重庆国泰大戏院的老板，在重庆为进步文化艺术界提供过许多便利，且人脉甚广。在艺术创作方面，由阳翰笙牵头，制片由孟君谋负责。因章和任两人对经营电影业完全外行，故主要由阳翰笙、孟君谋、夏云瑚等进行决策。

联华影艺社一成立，就决定投拍两部故事片：由史东山负责的《八千里路云和月》、由蔡楚生负责的《一江春水向东流》。三位投资人第一批筹款10万美元作为摄制经费，第一部影片于1946年9月正式开拍。开始还进展正常，但不久，作为总召集人的章乃器先生表明了坚决退出的态度，理由有二：一是影片摄制的成本开支控制不住，难以经营；二是与夏云瑚不好相处，难于共事。当时，《八千里路云和月》已完成上映，《一江春水向东流》也拍摄了一半，所投入的10万美元已用完，急需补充投资。"联华影艺社成立不到一年，就遇到了组织与经济上的严重危机。"

由于章乃器执意退出，阳翰笙经与任宗德反复商讨，决定同意其退出，股金及红息待后续归还，同时，将联华影艺社改组为影业公司。任宗德提议采用"昆仑"这个名称，大家觉得意味不错，也表示赞同。1947年5月，由联华影艺社改组的昆仑影业公司成立，投资人为夏云瑚、任宗德和蔡叔厚，夏云瑚主动提出占六成，任宗德占三成，蔡叔厚是代表中共地下党组织出资。由夏云瑚任董事长，管行政、发行，任宗德当厂长，管制片、生产，蔡叔厚任总稽核，统管财务。当时都认为夏云瑚没有什么资本，没想到他一次性拿出5万美元认股本，大家都很惊奇。之后很久才知晓，有位在新加坡的华商了解《一江春水向东流》剧情后预付了5万美元片款给夏云瑚，夏云瑚挪作自己的投资股本，把其他人都蒙在鼓里。

可更没有想到的是，仅过数月，《一江春水向东流》即将杀青之时，"夏云瑚突然提出他不愿再干了，要撤出资金，出国另谋发展"。当时，第二批10万美元也已用完，为顾全大局，任宗德急忙拿出几万美元给摄制组，以保证最后拍摄和后期费用。

在这种情势下，阳翰笙找到我，郑重其事地对我说："夏云瑚要走就让他走吧。昆仑的事，就由你顶起来！今后，就由你来掌管经营昆仑公司吧。"我知道，这是阳翰笙和地下党组织经过深思熟虑、反复讨论作出的决定，我必须认真对待。不过，当时昆仑经济上十分困难，社会经济状况也异常混乱，我本人也缺乏经营电影业的经验，如果我来主管昆仑，将会遇到很多困难，承受巨大风险，甚至在某些方面要付出相当的代价和牺牲。我长期经营工商实业，深知承担责任的分量，颇为踌躇。

任宗德尤觉不能辜负周恩来的信任和厚望，决定担负起总管全公司投资经营的重担。除《八千里路云和月》及《一江春水向东流》两片之外，之后昆仑公司出品的影片，均由他任制片人，由他出资筹资进行拍摄，直到新中国成立后的1951年。不到40岁的任宗德充分调动以地下党组织为核心的昆仑团队，完善机构和规章制度，狠抓脚本和影片质量，又陆续推出7部影片，产生很好反响的就有《万家灯火》《三毛流浪记》《乌鸦与麻雀》等，昆仑影业成为进步电影运动的中流砥柱，为新中国的电影事业积累了丰富的经验、留住了大批人才。

十

任宗德与夏云瑚相识已久。夏云瑚是重庆巴县人。

由于《清明前后》是在国泰大戏院演出,所以我与国泰的老板夏云瑚认识了。以前我们也见过面,但没有来往。夏云瑚大我七八岁,我们都叫他夏大哥。他有自己的影院,有自己的发行系统,从外国影片公司租来影片然后发行到成都、重庆及内地各中小城市。夏云瑚是袍哥中的前排人物,与三教九流交往深广,与重庆市稽察处处长何龙庆关系非同一般。

筹办联华影艺社和昆仑公司时,考虑到夏云瑚是内行,且与已调任上海市稽察处处长的何龙庆有特殊关系,任宗德是认可他参与甚至统领整个机构的。但没想到,后来两人"产生了尖锐的矛盾",主要原因出在《一江春水向东流》的境外发行利益的分配上。

《一江春水向东流》在内地公映后,夏云瑚即提走了他的股金约五百两黄金,并携带电影拷贝,去香港、新加坡、印尼放映,去抓海外发行收入了。根据阳翰笙的提议,保留了他昆仑公司董事长的名义。阳翰笙说,夏云瑚与国民党方面和社会各界有广泛的联系,可以利用他的这层关系,一来对付国民党,二来便于对外交往。

对于夏云瑚的撤资出走和名义安排,我虽然有些看法,但与夏云瑚本人却没有产生什么冲突。我认为人各有志,行事有异,不可勉强,听其自便。不过到后来,"夏大哥"的一些行为直接损害了昆仑的利益,于是与我产生了难以避免的矛盾。

夏云瑚将《一江春水向东流》的拷贝带到香港和新加坡等地放

映，盛况空前，盈利颇巨，连映数月。但是，这些发行放映收入，夏云瑚一分钱都没有交回昆仑公司。后来，任宗德到香港找他交账，他说赚的钱全用光了，现在还欠人家的账哩。事实上，他手上还掌握着销售发行《一江春水向东流》获得的巨额资金。

本来，昆仑在组建时原始资本就严重不足，为了将《一江春水向东流》拍摄完成，两次追加资金。如果夏云瑚将该片在海外发行的巨额收入大部返回，昆仑完全不至于陷入经济困境，基本上能维持影片的继续正常生产。但他不但未向昆仑交回分文，反而在离沪时提走了约五百两黄金的股本，使昆仑的经济状况愈显窘迫。……我甚至典卖了两幢房屋，以解摄制经费的燃眉之急。……我真是使出了浑身解数，拿出了所有积蓄，调动了各种资源，才使昆仑的经济状况有了基本的保证，从而使十来部进步影片得以如期投入拍摄。

让人无比欣慰的是，当年昆仑公司影片的上映，一举打破了外国影片独霸中国电影市场的垄断局面。《一江春水向东流》在上海连映三月不衰，在各地上映也是观者如潮，创造了国内历年来电影票房的最高纪录。上海驰名的大光明、美琪等影院历来是专门上映美国好莱坞影片的，这时也撤下了西方影片转而上映《一江春水向东流》。

昆仑公司的一系列进步影片，通过精湛的手法，展现抗战时期大后方、沦陷区和战后国统区各阶层人民生活和抗争过程，隐喻了新中国的光明前景，引起了广大观众的强烈共鸣。几十年后，任宗德到中国台湾见到一些去台的老人，还闲说道，战后腐败的国民党在大陆失败是注定了的，昆仑公司几部片子一放，就把国民政府"吹"垮了！虽有夸张，但也可佐证其影响。

90年代阳翰笙逝世之前，在医院与我谈起夏云瑚时，阳翰笙说，算啦，昆仑的事，算政治账，不算经济账。……不过，我相信像"夏大哥"那样精明的人，完全明白他的那些作为，对于我经营昆仑公司，至少在经济方面带来了多大困窘和多少难题啊！

十一

1949年5月27日，上海全城解放。第二天，刚进城并担任上海军管会文教委员会副主任（主任是陈毅）的夏衍给任宗德打来电话：我们回来了！任宗德激动得热泪盈眶，久久说不出话来，他想起了周恩来在1947年10月临别叮咛说"等着我们回来！"的情形。放下电话，任宗德马上赶到夏衍办公处拜望。夏衍要他回昆仑公司组织职工庆祝解放，准备恢复影片拍摄，创作出适应新时期新社会的优秀影片。

6月下旬，中央电影局局长袁牧之发来电报，邀请任宗德到京商议要事。飞抵北京的第二天晚上，周恩来在北京饭店底层大客厅举办晚会，在开始时，周恩来在麦克风前说，今天举办晚会，有两个目的，其中之一是欢迎昆仑公司总经理任宗德先生来到北平，任宗德听得受宠若惊。不久，全国文学艺术工作者代表大会在北平召开，阳翰笙及昆仑公司部分骨干分别调任国家文化部门的重要岗位。回沪前，经与多方商议，任宗德决定投拍故事片《武训传》。

《武训传》（上下集）是昆仑影业公司1950年拍摄的影片；1951年春在全国上映。这是昆仑解放后拍摄的第一部也是唯一一部影片。该片筹备、拍摄、公映直至遭受批判、停止发行的全过程，真可谓复杂曲折、惊心动魄。影片《武训传》的命运遭遇，对解放初期和新中国成立以来的政治生活、思想建设、文艺创作、教育思想以及我个人事业的成败，都产生了重大的影响。

该片由著名导演孙瑜编导，他曾导演了《共赴国难》《大路》等进步影片，是20世纪30年代左翼进步电影运动中的代表人物之一。40年代中期，孙瑜偶遇陶行知，陶先生当时正在重庆宣扬"新武训运动"，即送给孙瑜一本《武训先生画传》，介绍清末山东堂邑县人氏武训通过卖艺讨饭积攒钱财兴办义学的"苦操奇行"。孙瑜激动万分，决定改编成电影剧本，尽力推上银幕。本已在原厂拍摄部分镜头，因解放而中途夭折。解放后，孙瑜觉得题材难得，即推荐给昆仑公司续拍。

作为新中国成立后昆仑的第一部影片，公司上下自然相当重视。经过不断修改完善剧本和全厂上下精心制作，终于到1950年底，分为上下两部、时长达三个小时的《武训传》全部拍摄完成。在经过上海市、华东局、中宣部、文化部及政务院多轮审看，甚至送到中南海请周总理和百多位中央领导一同观看后，顺利完成所有规定程序，拿到"准予上映"的执照。

1951年2月，《武训传》正式在全国上映，"一时好评如潮，夸赞盈耳，推崇备至"。任宗德自然更是兴奋不已，感到终于对得起周恩来、夏衍和袁牧之等领导同志的信任，对得起同人的支持，同时，对于该片能获得较好的票房收入，以偿还借贷也满怀信心。

但两个月后，风云突变，《文艺报》发表文章《不足为训的武训》，打响了批判影片《武训传》的第一枪，之后又发表署名文章《试谈陶行知表扬"武训精神"有积极作用吗？》，《人民日报》随即转载了这些批判文章，并发表题为《应当重视电影〈武训传〉的讨论》的社论，就这样，《武训传》被判定为一部进行"污蔑农民革命斗争、污蔑中国历史、污蔑中国民族的反动宣传"的影片，有"重要的思想政治问题"。最后批判之火不断蔓延，影片的创作者和演员、影片制作方、曾赞扬影片的各界人士，直至宣传文艺教育等部门的领导同志，包括陶行知先生都被殃及。

实际上这场批判的幕后操盘手是江青，这位有着特殊身份的女性，就是要通过批判武训进而批判自己曾经的老师陶行知，同时确立自己在文艺战线的话语权。

20世纪30年代，以蓝苹为艺名的江青，因与陶行知先生产生芥蒂而怀恨在心。她知道陶行知是推崇武训的，并以"新武训"自诩，认为可以借此影片发挥进行报复，通过引导官媒定调，从而达到了她某些不可告人的目的。批判《武训传》，开创了以"左"的思想和方法大搞政治运动的恶劣先例，对电影界及文艺创作冲击严重。

而刚届不惑之年的任宗德，可能是这场运动中损失最为惨重的人。政治上，他由一位进步电影事业家，变成摄制反动影片"犯有严重错误"的私营老板，政治压力加大，精神负担很重，经济上更是蒙受了惨重损失，甚而招致破产。昆仑公司当时制片方式，都是由任宗德独立出资，即使有借贷，也由他担保偿还，《武训传》投资数十亿元（旧币），因停映禁映，发行收入"几无回报"，任宗德只得独自一人吞下这个恶果，从此一蹶不振。

1952年春，昆仑等八家私营电影公司合并成立了上海联合电影厂，次年春，又合并到上海电影制片厂，任宗德被安排任财务处副处长。1954年夏，经组织安排，他被调到北京中央电影局工作，任基建处副处长。离沪去京前，为了结束昆仑公司，任宗德变卖个人资财，将当时公司负债的几十亿元（旧币）全部垫补，自己的财产已所剩无几。

之后的十余年间，任宗德过上了一个普通首都市民的平凡日子。与周宗琼离婚后，调入中国电影器材公司，又与梅嘉组成新的家庭。他经常去看望熊瑾玎夫妇，熊老在中国红十字会任副会长。他也与周竹安往来密切，周竹安曾任外交部办公厅副主任和中国驻保加利亚大使。不过，往来最密切的还是翦伯赞先生。

每到假日，我不是去看望熊老一家，就是与翦老等友人欢聚。翦老那时正是北京大学副校长，差不多每到星期天，他总是乘着自己的专用小轿车，或是到小西天我家，或是到刘启戈（北师大历史系著名教授）的小院聚会小宴，更多的是一起到天坛公园喝茶谈天。

每逢此时,我们三人总是古今中外,天文地理,海阔天空,无所不谈。

十二

1966年6月,"文化大革命"开始了,任宗德作为中国电影器材公司的第一名"牛鬼蛇神"被抓出来,交给群众进行批斗,罪名是"资本家""黑五类""罪大恶极的反动分子"。不到一年之间,红卫兵和革命群众十几次把任宗德押出去批斗审问。

任宗德实在想不通,就趁隙寻机去找熊瑾玎请教。熊瑾玎沉默许久,对他说,挺过去!只要挺过去就会分清是非。这几句话,使任宗德有了勇气和力量度过那段漫长而痛苦的岁月。

任宗德有几十个朋友没有度过这场浩劫。他自己却挺过了数年在"五七"干校当放牛郎的"改造"日子,终于熬到了粉碎"四人帮"的1976年。

就在那年春天,管人事的干部通知任宗德,叫他立即办理退休离职手续,退休后,工资按70%发放,个人履历中,与党有关系为党做过的事一律不写入档案。任宗德坚决不同意,为此,公司停发了他的工资,为了维持日常生活,他只得向朋友借钱,勒紧腰带度日。

1980年初,任宗德在朋友们的帮助下,得到组织上关爱,工作关系调入全国政协,担任文史专员,待遇提高到局级。当年夏天,本已两袖清风的他，因有海外亲戚的夫人梅嘉的关系，到香港继承了一笔不菲的遗产，并迁居香港。1983年、1988年以香港民主人士身份当选了两届全国政协委员，在耄耋之年发挥着余热。

十三

借1983年出席全国政协会议的机会，任宗德在阔别家乡37年后重返乐山、重庆。之后六次返乡走亲访友、寻踪续情。最后一次是2003年，那年底，已93岁高龄的任老在亲人的搀扶下又一次沿川江从乐山到重庆，再出三峡。

任宗德将所有的记忆和思绪汇集在两本著作中。一本出版于1999年，书名《我与昆仑》，18万字，记录自己出生至改革开放的峥嵘历程。一本出版于2005年，书名《川江烟波录》，28万字，抒怀对四川故乡，特别是川江沿岸的乐山、重庆两座城市的爱恋。两本书都有一个副标题：一个中国早期电影制片人的自述。

两本书中，任宗德精选了数十张照片。有大量的昆仑公司明星照片，有前妻周宗琼的青春倩影，有与夫人梅嘉及家人的合影，也有晚年与周宗琼共游东瀛的合照，唯独没有他叱咤风云时作为青年富豪的任何图片。在唏嘘之余，许多谜团集于笔者脑海：与周宗琼艰苦创业二十余年历经风雨，是什么因素能让周宗琼偕四个孩子与他分离？商海沉浮，又是什么力量能让任宗德淡看财富、寿届百年呢？

2005年的《健康时报》登载了一则报道：

走进任老的家（北京海淀区太月园），备感温馨。虽然正值寒冬，外面很冷，但任老家的鲜花却争奇斗艳。

任老一生经历坎坷，但不计个人恩怨，不为金钱所累，经常做善事，前年他还捐赠2000元资助《新华日报》。

问起他的长寿秘诀，他说："从善心宽。"

参考书目：

★任宗德著，宋江洪主编：《我与昆仑——一个中国早期电影制片人的自述》，四川人民出版社1999年版。

★任宗德：《川江烟波录》，四川大学出版社2005年版。

刘航琛

刘航琛（1896—1975），四川省泸县（今四川省泸州市）人，祖籍湖南宝庆府邵阳县。北京大学经济系毕业，曾担任川军主力21军财政处长，四川省财政厅长、国民政府粮食部政务次长、经济部长等职。在工商业界也曾兼任多个重要企业的董事长、总经理等职。全国解放前夕去台湾，直至1975年病逝于台北。

绝世奇才的归途

一

1929年，从北京大学经济系毕业6年的刘航琛33岁。他遇到了一次难得的机会：掌控川内首阀刘湘的财政大权。数十年后，刘航琛仍然清晰记得那一次与刘湘对话决策的每一个细节。既然是他自己回忆，今天读来，除惊讶于他的睿智才干外，应该也能感受到他的某种突出特质。

刘湘：我请你当财政处长，是要你和我共事业，而不是喊你来做官。关于这件事，范崇实来跟我说以后，我早已考虑过你一定干得了。因此我才约你来谈谈，希望你以事业为重，与我共事。（刘湘开宗明义）

刘航琛：甫公（刘湘，字甫澄）叫我来共的是什么事业呢？

刘湘：我请你共的事情，是统一四川。自从民国六年，四川督军署无力负担全川的军饷下令各军就地筹饷以后，四川便成了分崩离析、群雄割据的局面，使人民深受痛苦。我希望见到有人统一四川，但是等了十二年，迄今尚无端倪，因此，我只好希望由我们来达成四川的统一。这就是我所谓的事业，你认为可以共襄此举吗？

刘航琛：这样的事业，我愿意共。不过有些问题想要请教，甫公可以跟我深谈而让我乱说吗？

刘湘：你尽管讲吧。

刘航琛：首先我要请教，甫公找我来，是要我帮忙呢还是帮办？

刘湘：你该先告诉我，帮忙是如何？帮办又是如何？

刘航琛：很简单，要我帮忙，那我一切事情仍然由甫公做主，甫公叫我如何办我便如何办。倘使甫公是要我帮办，那么，应该是我自己认定怎么办，就怎么办。

刘湘：我请你来帮办，因为我自己如若办得了，能够替我盖章的人很多，那又何须乎请教你呢。

刘航琛：既然说是叫我来帮办，那么今后关于财政方面的事，一切要依我的了？

刘湘：当然依你的。我说过要和你共事业的嘛！

刘航琛：其次我想请问，甫公在财政上，究竟给我多大的权？

刘湘：这要你先告诉我，对于你主办的财政我有哪些权？等我得到你的答案，那么，我会答复你说，除了我这个主管官所有权以外，有关财政的一切事宜，统统都是你的权。

刘航琛：我想过了一下，甫公在我办财政的时候，有二个权。其一，如果我舞弊，甫公对我有枪毙权；其二，假使我的做法和主管意见相差过远，甫公随时有罢免我的权。除了这两个权以外，我想按照甫公方才的答复，在财政上所有的权都是属于我的。

刘湘：可以。

这年5月中旬的一天，刘湘派人来请，说本部的财政一塌糊涂，希望刘航琛来整顿整顿，并说已调查清楚，他肯定能干好。刘航琛首先坚辞不受，实在拗不过，就提出让他考虑3天后答复。上述对答就是刘航琛犹豫3天后发生的。

可本就在刘湘部将王陵基处当幕僚的他，为何得此良机还这么犹豫呢？

这还得从刘航琛的家世说起。

二

在清末民初的泸州，刘航琛家靠经营酒业发达起来，他家的招牌产品是一种以中药材与酒调配、辅以各种名贵花露的百花酒，品牌一直沿用"爱人堂"这三个字。

清咸丰年间，由宝庆府迁居泸州的刘敬亭，在经营爱人堂药店生意的基础上，研制出"爱人堂"牌百花酒：一种奇特的、采用新型蒸馏技术酿制、散发着鲜花般香气的低度甜酒。一经推出，获得市场追捧，酒厂的收益不久就超过祖传的药材生意。到了儿子刘子休手上，又专设玻璃瓶厂，将酒盛器由陶瓷罐改为造型美观、别致的玻璃瓶，更使百花酒大受青睐。由于刘氏父子信奉天主教，当时泸州天主教会将一笔政府赔款委托其保管，精明的刘子休利用这笔巨款，扩大酒厂规模，又推出"泸州大曲"，成为川内第一名酒。刘家因此跻身泸州富豪之列。

可刘家一直苦于人丁不旺。刘敬亭仅育一子刘子休，刘子休生育了一女二子，但小儿子早夭，仅剩男丁刘航琛和姐姐刘茂先。

刘敬亭为鼓励家族后代多育子嗣，特在家规里明令：家里后代生育一个男孩，由爱人堂拨出1000两银子，存在店内，生下女孩，拨出500两银子，也存在店里，均给予月息一分五厘的高利。这样，到子女满20岁时，男孩可得本息三万二千两，女孩可得本息一万六千两，可保终身丰衣足食，不必到外面去求生计奔波。这透出老辈国人的图安稳与重传宗的传统思维。

为使后代子女平平安安地享受荣华富贵，刘敬亭有感于官场险恶和官僚们的俗气劣行，还立下一条家规：子孙不许做官。

光绪二十二年（1896年）阴历九月初十，刘航琛出生在泸州城内三牌坊的刘子休公馆。按照常规路径，6岁进私塾，13岁进了泸州中学堂，这是一家由革命家陈铸创办的全川最著名的新式学堂，18岁娶妻李世芹，亲家公是泸州富豪、中孚公司董事长李春潭。家人期待着这根独苗平平安安，早生后代，早接祖业。刘航琛与同龄人稍有一些不同的是他的记忆力惊人，学习能力超强。1916年，娶妻不久的刘航琛考上了北京大学理科预科。这一趟到京城一待就是八个年头。

三

到北京大学就学的刘航琛是一个独特的存在，或者可以定义为典型的纨绔子弟。

3年预科和北大经济系4年本科的学习期间，恰逢五四运动热潮汹涌，可所有北京大学的风云际会似乎均与刘航琛无关，他生活在自己快意的小圈子里：新婚燕尔之家、麻将桌、图书馆。

带家眷到京读书是刘航琛的"特色"。他并不入住学校宿舍，而是在校旁租下一处民宅，安置下陪读的新婚娇妻和书童、保姆、厨子一大帮人，过着优哉游哉的少爷学生生活。预科学习不足一年，第一个孩子女儿刘敬容在京出生。课余时间，北大学生大多是参加社团，投身社会活动，而刘航琛却迷上了麻将赌博，一到晚上，租屋里就麻友会聚，"常作长夜之赌，非至散场不离"。

有趣的是，得知此事的父亲刘子休来信责问时，刘航琛这样回复：从这种充满冒险刺激的赌博游戏中，可以检验自己的智力优劣，锻炼勇气和胆略。而刘子休竟然大为认同，从此不再禁其打牌，反而积极作好后援，不断按儿子要求汇来银元，供他"检验"和"锻炼"。

生逢乱世，刘航琛并没有什么大志向，他是铁了心要过一种养尊处优的富家子弟的日子。但仅凭以上种种就认定刘航琛将是游戏人生的浪荡公子也似有不妥，值得特别注意的是他优异的专业成绩。

入学不久，同学们发现刘航琛特别爱蹲图书馆，课余时他不在牌桌上，就必然在图书馆蹲点，可以说是嗜书如命，尤其爱读与理科不太沾边的历史、文学典籍，以及西方经济、管理类书籍，而且绝不死读书、读死书。他好独立思考，在课堂答问和考试答题中常有新颖独到的见解。经济系马寅初教授对此印象深刻，平时常翘课的刘航琛，对马教授所开的货币学课程肯定课课必到，且多主动请求发问。"你爸爸当年上课爱挑刺，我看见他来上课就伤脑筋。"20年后任重庆大学商学院院长的马寅初还向刘航琛的女儿刘敬容忆起。

民国十二年（1923年）夏，饱读诗书、满腹经纶的刘航琛从北京大学经济系学成回川。时年28岁。他的人生之路在泸州早由父亲铺就，只要顺势而为即可。

他本有获得更高人生起点的契机。其时四川军阀虽混战不堪，但刘湘独占鳌头的趋势已见端倪。刘湘也显出棋高一着，早就盯上了在北京高等学府就学的川籍学子，意欲广揽人才，充分利用。他安排下属张斯可和乔毅夫等人在京设立"诚学会"，邀约川籍学子入会，通过小恩小惠极力延揽，何北衡、范崇实、陈学池等北大川籍学生因此投奔至刘湘麾下。当他们游说刘航琛时，刘明确拒绝：我不想做官，我只想把书读好！当时，这几位自视不凡的同学相约"以后在社会上做事，应凭能力，不凭文凭，故皆以字行，而不用在校名字"。（在校时刘航琛学名刘宾远）

四

1923年9月，刚毕业不久的刘航琛受杨森之邀担任泸州中学校长。此时，杨森以川军第七师师长身份兼任永宁道尹，聘请卢作孚为行署教育科长，王德熙、恽代英等少年中国学会会员负责川南师范教学工作，意图打造川南新气象。刘航琛眼见大姐把家族事业打理得有条不紊，就乐得清闲，边当校长，边结交各方好友，他信奉

"为人要上知天、下知地，还要通人性"，在京师他苦读多年，此刻正是体察川内民情、细品人性并借机放松的时光，他暗自思忖。

四川那时已乱成一锅粥。短短几年工夫，泸州城头已无数次变幻大王旗，滇军顾品珍，黔军袁祖铭，川军杨森、熊克武、刘文辉等轮番占据。不过乱归乱，各路军阀却基本上达成有趣的默契。刘航琛后来回忆：

民国以来，四川内战，大小有四百次，之所以使四川不太感到战争的痛苦，一则是四川本身富庶，一则是占领者的泱泱大风。

那么是什么样的"泱泱大风"呢？

两军对阵之后，胜利者必定不忘三件大事：第一，拜望败将的父母，把他们安顿好；第二，打电报给失败者，不要再跑了，因为自己已不再追赶；同时又告诉失败者，他的家平安无恙，说"伯父母大人，当由小弟侍奉"一类的话；第三，进城安抚百姓，赐予"恩惠"。

任校长不到一年，刘父病重到渝急救，刘航琛请辞到重庆陪护。1924年阴历六月刘父病逝，临终再次嘱咐，除做官外一切事皆可做，做官之人奴颜婢膝之状，非他所乐睹，刘航琛"含泪领受"。次年三月扶柩返泸安葬。

此时驻泸川军有杨森部杨春芳师和刘湘部李树勋师。这个被杨

森收编的杨春芳是土匪出身,史载:

  熊克武部吕超攻泸,杨春芳降,有数千言之告示,并于东西辕门悬"义旗重举""还我本来"之牌楼。不一月杨森攻泸,春芳执吕超而迎降,又出一数千言之告示,东西辕门"义旗重举""还我本来"之牌楼如故,一时传为笑谈。

  二位师长知刘家在地方上的声望,有意结交刘航琛,均派人来接柩,恭请入城办理丧事。依照当时风俗,灵柩是不能入城的,两个师长都想给刘航琛一份特别优待。因陵园设在泸州南门外的一座花园里,为不负两位师长的美意,最终丧事还在城门外办,灵柩却得以穿城而过,以便杨李两位师长之路祭。此后泸州城百姓均知刘航琛与两位驻城师长的"交情"了。不过这份"交情"早晚还是要他刘航琛还的。

  杨李两位师长有一个共同嗜好,那便是赌。不过李师长爱用脑筋,他赌四川纸牌,杨师长欢喜简单明了,他喜摇骰子赌单双。上之所好,流风余绪,两个师部的高级军官,莫不皆然。这一来便苦了我,不但天天要陪着玩纸牌骰子,而且深感分身乏术,每天早晨七点钟开始,或奉陪杨师长,或叨扰李师长,玩玩单双,玩玩纸牌,通常都要玩到深夜十二点钟。至于有无乐趣,那是根本不在考虑之列。

更难缠的事也来了。一天，杨春芳派一位高级幕僚登门拜访，言明杨师长谦恭下士，求才若渴，请刘航琛出任其师部顾问。刘航琛送走了客人，立刻命人收拾行李，赶当晚夜船，离泸去重庆。行前给杨师长留条，托称重庆爱人堂分号有要务待理，行期早定，不便辞行，至为歉疚云云；在与大姐辞别时解释，他不可能在父亲尸骨未寒之际，就违遗嘱去从军做官。

江船沿川江下行，刘航琛独自凭栏，向家乡的繁盛市庶，投以留恋的一瞥。他知道，这一去是很难再回来了。

五

守着爱人堂重庆分号的刘航琛衣食无忧，他绝想不到还得与最不愿交往的官府打交道，甚至被逼着去违背父亲的遗命。

民国十五年（1926年），北伐胜利，四川军阀们迫于形势，纷纷表示效忠南京政府，已牢牢占据重庆及周边地区的刘湘部被蒋介石收编为国民革命军第二十一军，刘湘任军长兼四川善后督办公署督办。担任重庆卫戍司令的是刘湘嫡系的第三师师长王陵基。

当年阴历九月初八，刘航琛年满30虚岁，晚上生日宴席设川东番菜馆，众友人同乡喝得十分尽兴。当刘航琛醉醺醺地回到设在小梁子木牌坊（现民族路114号）的爱人堂分号时，猛见大门上交叉贴着一个大封条，醉意褪去了大半，定睛一看，封条上加盖"公署机制酒类征税处"的朱红大印。不敢妄动的刘航琛绕到后门进店，店堂一片狼藉，伙计们惊惶趋前上报，店铺因欠税被查封，分号尹经理被押进巴县大牢。

酒醒的刘航琛明白这一劫与前晌改变酒类征税方式时自己的草率应对有关。

几天前，四川善后督办公署新成立的机制酒类征税处给爱人堂来了一纸公文，说，爱人堂出品的各种土酒装潢精美，盛以玻璃瓶，不同于一般土酒，理应视作机制酒类，按洋酒税缴税，每年要征收税金纹银二十余万两。刘航琛寻问得知，"机酒处"这个机构，是根据北洋政府制定的征收机制酒征税条例而成立的，而四川善后督办公署并非由北洋政府设立，又查条例细则，爱人堂所有的产品绝不是洋酒，刘航琛顿觉有理在手，年少气盛，援笔直书，亲自拟了一件呈文，文末有语：

……依照条例所定：征税对象只能问酒之洋不洋，不能问瓶之玻不玻；如上酒盛之玻瓶，即为洋酒，然则钧座着洋服、住洋房，岂不成为洋人乎？

呈文很快传遍公署，"机酒处"处长大为光火，当天就采取行动封门抓人。那个世道若什么事都讲道理，还需要军阀干什么呢？刘航琛知道他所谓的聪明怕要惹大祸了。

刘航琛一宿未眠，想起现任巴县县长是北大同学何北衡，清晨就赶到巴县衙门找何。何北衡听完笑而不答，沉吟良久，讲此事要解决只能去找王陵基，并答应立刻出面帮忙斡旋。何北衡知道此事不帮忙，说不定刘同学下次也要来坐监牢。于是刘航琛在衙门坐等了一个多小时。说项归来的何北衡对刘航琛讲，王答应帮忙，但有一个条件，刘航琛急问什么条件，何答："王现身兼三要职：第三师师长、重庆卫戍总司令、川东南团务总监，他诚心诚意请你担任一个帮忙的职务，三个机构任由你选。"

刘航琛"当时的感觉仿佛孙悟空戴上了紧箍咒，赶鸭子上架，真叫没有办法……"想着关着大门的祖业和被关押的经理，只得违背父命，无可奈何地选了一个不用行军打仗的卫戍司令部顾问之职，"但愿能做到顾而不问"。

第二天，尹经理开释回来，爱人堂重庆分号大门上的封条撤销，满天星斗一扫而空。投桃报李，有约在先。我也只好打起精神去上班。到了卫戍总司令部，心中暗暗叫苦，还说什么但愿能够顾而不问。这个总司令部通共只有一张大办公桌，自总司令以至于司书，统统围在这张桌子上办公，王总司令高高上坐，他的左首坐着军法处长，右首坐的是顾问刘航琛。

没多久，刘顾问发现王长官经常拖欠司令部军官们的薪金，不禁有些关心地问询。王陵基坦言，原因就是办了一张《大中华日报》的报纸，几个月下来一直亏损，不得不挪用军饷。刘航琛提出去报社看看，两天过后，回告王陵基，不仅不用再贴钱而且还有盈余，原因是报社社长只会办报，该收的两笔赞助款没去收取，造成报纸入不敷出。王陵基顿感轻松，就让刘兼任社长。

不久后的一天，王陵基郑重其事地给刘航琛送来大红请柬，在家中准备了丰盛的菜肴和50年以上的陈年花雕酒，并请了所有心腹作陪。刘航琛问什么事值得如此大张筵席，王陵基无奈地笑着说："有件事要拜托你帮忙。我从万县打回重庆的那年，刘督办（刘湘）委我兼重庆铜元局局长，随便哪个做铜元局长都发财，偏偏我赔本。这阵子一算，已经赔了45万两，没得办法，只好请你出来整顿整顿，你在《大中华日报》3天就可以解决问题，这个事情给你3个月该可以了吧！"依托之前的知识和对市场的了解，听了详情，刘航琛只考虑了一会儿，就觉得此事可以帮忙。

他提出了三个条件，第一，将铜元局批公事用的图章交他管理。第二，需要绝对的授权，过程中不得干涉他的决策。第三，45万两银元赚回之时，请王陵基立即辞去局长之职。对第三条，王大惑不解："为什么做到能赚钱的时候，你反倒要我辞职呢？"刘航琛平静解释，据他观察，目前的亏损是铸铜元币的成本过高所致，要弥补亏空，必然铸造小铜元币，可用铜元的都是老百姓啊，现今为了长官你，可以暂时不顾，但长久下去肯定让老百姓吃苦头，所以当你回本时就不应该再干了。王陵基答应可以。

第二天，刘航琛到铜元局开始整顿，停产改铜模，筹资购优质原料，铸小二百文，保障发行渠道，一项项有力措施接续推进，其间还受刘湘与杨森交战之扰……到1928年5月，受托了9个月，满打满算从借款买铜到铜币发行正好满3个月，一轧账决算，除掉偿还聚兴诚银行贷款的本息，尚存余54万余两，扣除王陵基之前的亏空，净赢利纹银9万余两。

当刘航琛带着9万余两的银票来到万县前线的王陵基面前时,王陵基兑现了立即递交铜元局局长职务辞呈的承诺,他知道自己遇到了旷世大才,必须诚心对待。而兴致满满的刘航琛或许从中也找到了一种怡然自得的快感,收敛多年的虚荣心开始萌动。此事不久,刘湘的请柬到了。

六

这就有了本文开篇的类似"隆中对"般的精彩一幕。作为唯一健在的当事人所记录的情景,其真伪有待商榷,但字里行间刘航琛的那种自负是毋庸置疑的。

一年多前,刘航琛与刘湘初次见面就各自留下了深刻印象。有志于统一全川的刘湘开始对连长以上直属部队干部进行调训,每期调训1000余人,集训时间为6个星期,特聘两位教官,一位是卢作孚,另一位就是王陵基推荐兼职的刘航琛。第一期学员调训结业,刘湘特设谢师宴,席前安排座次,刘湘坐在主位,一左一右两位最尊崇的客席,左是卢作孚,右边就是刘航琛,而不巧那天卢作孚正好去北碚未赶回赴宴。于是,31岁的刘航琛教官就成了刘湘席间唯一的交谈对象。

这是我第一次和甫澄(刘湘字)先生谈话,他身材高大、肤色白皙、浓眉剑目、悬胆鼻、容拳口、四方脸、宽额头、胸挺腰直、气宇轩昂，相貌实在是长得非常之好。他低声的和我相谈，显然他对我的过去一无所知，他问我是哪个学校出身，学的哪门学科，我告诉他，我毕业于北京大学经济系以后，他很兴奋地说：

"我们督办公署经常在为经济问题开会，航琛兄既然是北京大学经济系毕业的，你可否也来出席会议，跟我们商量商量？"

"督办，"我笑吟吟的说，"我是王方舟（王陵基字方舟）的幕僚，你是王方舟的长官。所以说，你也就是我的长官了。你要我参加会议，你何不下命令给我呢？"

他目光闪闪的望着我，歇半晌，哈哈大笑一轮后说："不不不，我还是请你来的好。"

自此，他经常参加公署的讨论经济、财政方面的会议，与刘湘能常碰面。直至1929年5月答应出任其财政处长。

刘航琛一到任即与刘湘约法三章：第一，不要直接下手令；第二，当他执行预算的时候，希望能够不受任何牵制；第三，所有财政盈余会按月缴纳，刘湘可自行决定如何使用。当刘湘再次斩钉截铁地表示可以时，刘航琛从衣袋里掏出一纸条陈说，坦白讲，此次奉召来见，早晓得不管也要管，因此，来之前就拟好了一个初步计划，内分禁烟、盐务、税务和政务四项，请甫公核示。

是年，刘航琛仅33岁。在得到刘湘的充分信任后，他立刻显现出超人一等的管理智慧和理财手段。

刘航琛首先做的是效法商鞅徙木立信的典故，树立起言必信、行必果的形象，这分两个方面，一面是整肃刘湘军内的规矩，另一个方面是提升辖区各界对刘湘军队的信任感。

上任不久，公署政务处拿来一张该处处长代刘湘签名的支款8万元的便条，刘航琛微微一笑，三下两下撕了，往字纸篓里一丢。不一会儿，又一张条子送过来，有刘湘的亲笔签名。刘航琛拿着条子到刘湘办公室一坐，笑着说："甫公少了一张条子。""我少了什么条子呢？""免我职的条子。甫公与我有约在先，对我只有枪毙权和罢免权，除此而外，只要我不违背甫公的原则，就不直接下手令，还是请甫公照前次所谈的办如何？"刘湘无话可说，答应收回条子，但刘航琛不依不饶，不退前条，还要求刘湘补一张前条作废的手令存档，刘湘知其深意后照办。自此，一直到刘湘病逝，再无任意支取款项的便条，也没有任何军官直接到财政处无理索款了。

当时各地军阀为应付庞大的军费开支，盛行向防区的工商金融业借款，基本上是有借无还，老板们迫于枪杆子的威力，不得不委曲求全，多有阳奉阴违、抗拒派垫之举。一天下午，刘航琛在重庆总商会的小礼堂召集重庆各行各业头面人物开座谈会，会议桌上摆满了水果香烟点心。在随和亲切的氛围里，刘航琛申明今后公署借款有借有还，且决不拖延一分钟还钱，大家半信半疑，随后逐月到账的借款回笼，证实了刘处长的承诺有效。从此向工商界借款、向金融界短期筹资的通道就打开了。

出手不凡、初战告捷后，风华正茂的刘航琛心思活动起来：为何我不就此乱世展现一下自己非凡的能耐呢，为何非要用我刘航琛的新鲜亮丽的生命去守着那条陈腐的父命呢？

七

有信用讲规矩是第一步，关键还是要创收。摆在刘航琛面前的是一个难以打理的烂摊子。

到1928年冬，刘湘已占据重庆及周边28县，所辖军队达7万余人，防区内的税赋收入根本无法满足军费开支，而周边杨森、邓锡侯、赖心辉等部三面夹击，虎视眈眈，随时可能爆发更大规模的战争。前几任办财政的甘典夔、奚致和、唐棣之面对逐年增加已近千万的赤字束手无策。既要应对生存威胁，又希望壮大实力、扩充兵源，从而一统四川，这个难题非常人可解。

刘航琛却成竹在胸，他对刘湘阐明对策："如仍照从前办法，仅赖征收地赋，强派借垫，决不可能筹到巨款来扩充军队。根本之计，在于加重税捐，争取盐税，整顿特税。但仍有缓不济急之时，必须仿照南京政府发行公债，化远期款为现款，以应急需。同时利用金融界和商帮的实力，作为缓急相通，不必将它们当作强派硬索的对象。"

既要开源又能节流，且助整肃风气，刘航琛的设立税捐总局的这步棋极其高明。

当时刘湘防区税目繁多，苛扰严重，但乱设的机构又与各师旅长均有关涉。刘航琛将重庆百货统捐局、重庆护商各费统收处、重庆江防经收处、渝北护商江峡分理处、特税总局（征收煤油、卷烟、机制酒税的机关）等税收单位的正附税款合并为一局统征，并将重庆各税收总稽查处归入，定名为重庆税捐总局，特请刘湘兼任总办，排除阻力。一下就裁减了6000余人，减少了大量开支，避免了对民众不必要的困扰，也革除了环节中的贪腐现象。第一个月结算，原先毫无结余的局面一下改观至库余140万元，第二个月又结余70万元，当刘湘见到结余额的银票放在桌前，惊喜万分，当即拿去创办了一所拥有先进设备的兵工厂。

瓜分盐税、大收烟税、清丈田亩、增加田赋、设立总金库、发粮契税券、大量发行库券公债……刘航琛的敛财举措一步一步推进，使刘湘的财务状况完全改观。打仗就是打钱打经济，民国二十二年（1933年），四川军阀内战里规模最大、耗时最长的二刘（刘湘、刘文辉）之战结束，这场战役里，动用兵力30余万，死伤6万余人，所有大小四川军阀卷入，耗资达5000多万元。刘航琛呕心沥血般地操持财政，源源不断地为刘湘所部提供资金输血，从根基上保证了刘湘势力的胜出。

为取悦刘湘，他又按月由财政处拨出10万元划进刘湘私人账户，供其自由支出，既避免刘湘把财政处作为私人账房，又堵住其心腹下属任意向财政处讨要费用之扰，而刘湘因一年手头上有120万可任意开销的款子自然是喜笑颜开。

八

虽然刘湘对下属们一再提到刘航琛主办财政的成就和其超凡的才干，但二人共事也并非都是默契和谐的。

在对待"刘神仙"的问题上二人一直有分歧。刘神仙，原名刘从云，四川威远人，道号白鹤，1927年结识刘湘后，针对刘急欲加强部队向心力，企图牢固控制下属的心理，刘神仙借《易经》中"圣人以神道设教，而天下服矣"之语，献"以神治军"之策给刘湘。刘湘竟然十分信服，拜作军师，尊为"神仙"，在军中设教传道，打仗行军经常要作法卜筮，弄得神秘兮兮的。刘湘不过以此为幌子，笼络下属人心，他率先拜师入道，并让手下主要将领均成了道徒。作为北大高才生的刘航琛明白个中玄妙，但他绝不可能服这套。

刘神仙曾派人劝说刘航琛拜师入道，遭断然拒绝。随后又托人礼请刘航琛去面谈，刘航琛提出三个条件：第一，见面不磕头；第二，需"神仙"出门迎接；第三，既然请他去谈，那就请刘从云不随意插言；二人见面，刘航琛便滔滔不绝，自顾自谈，让刘神仙十分尴尬，待刚插言讲些道法时，刘航琛立即起身，把刘神仙及众人晾在一旁。

1934年，刘湘主力唐式遵部因听信刘神仙测算的军令，挥师仰攻悬崖绝壁，在万源被红军徐向前部击溃，阵亡一万余人，刘航琛借机面见刘湘，陈说所谓神道的荒诞不经、刘从云的狐假虎威，及其对军事政务的危害。刘湘虽然最终送走了"神仙"，但对刘航琛咄咄逼人的语气终觉不快，他感觉到"借神仙之名，行统一部众之实"的策略失算，还遭刘航琛数落，自己的权威已受到威胁。再往深一层想，刘航琛精于算度，又与王陵基关系密切，今后恐难驾驭，心中不免起了戒备之心。

1935年初,纳入全国统筹的四川省政府成立,刘湘荣任国民政府四川省主席,在财政厅长的人选上,刘湘就颇费了一些周折。刘湘首先提名唐棣之,然而时任财政部长的宋子文约谈唐时,发现其毫无头绪,常答非所问,故立即打电话给刘湘提出另择人选,当刘湘又提名周见三时,宋子文直接提出:"甫澄兄,今后四川各省的财政事务繁重,非常人可胜任,你手下不是有合适的人选吗?"当宋子文说出刘航琛的名字时,刘湘已无法拒绝。

刘航琛觊觎此位已久,追随刘湘数年后,他感受到权力所带来的荣耀与快感,他被乱世中凭自己智慧才干开疆辟土的刺激所深深吸引,他已沉醉于这种游戏中,他觉得他的舞台就在于此。所以借助刘湘特使的身份,在奔赴南京办理四川收编事务时,就有意识地在蒋介石、宋子文等面前展现了他不凡的经济头脑和理财能耐。1931年2月间,刘航琛晋见蒋介石时的一番深谈,让蒋对这位貌不惊人、身着蓝布长衫青面布鞋的小个子有了深刻印象。之后因经济事务数次会晤宋子文,刘航琛也以学识与性情打动了对方,并奉上事先精心拟定的《整理四川财政方案》,对各方利益均有周详处置,让宋刮目相看。

当上四川省财政厅长,是刘航琛走上全国政坛前台的第一步,他有更大的野心。

刘航琛的真正过人之处,在于他能够审时度势,善于处世斡旋。他属于多血质类型,能敏锐感知他人的情绪想法,无论处何境地,他都能淡定自若。但在内心深处,刘航琛又是一个极为自负狂傲之人,自身的天赋和不断的进阶使他对自己的能耐极其自信。他已下定决心不让自己的人生平庸度过，他要居高位，赚大钱，享美色，他相信，只要自己精心筹划，不断攀升，生命价值、个人欲望、一切的一切，都会唾手可得。

九

重庆带给刘湘的不仅是个人权力膨胀和武力统一四川的资源，也提供了他在民国时期城市现代化进程中扮演主角的舞台。从1927年至1937年间，刘航琛作为刘湘政权的主要经济政策制定者和主持人，在全川治理和重庆现代化建设中居功至伟，但同时也借机积聚了大量的财富和实业资源。

在以雷霆手段整顿四川财政的同期，刘航琛有意识地把主要精力放在银行业，通过金融资本介入，一方面着力于民生公共基础事业的资本投入及管理，一方面"借鸡生蛋"，不断安插个人关联势力攫取巨额利益。

一到任省财政厅厅长，刘航琛即改组四川地方银行为四川省银行，利用各方借资加大资本金，并亲兼总经理，收回地钞，发行央行辅币，牢牢控制省内银监权。随后，他将前些年怂恿刘湘开办的川康殖业银行改为二十一军发行库券公债和承汇军饷的平台，乘机兼并经营不善的重庆平民银行和四川商业银行，组成川康平民商业银行，自任董事长。

川盐银行前身是重庆盐业银行，一直由盐运使王缵绪在幕后操控,1932年7月经改组更名为"重庆川盐银行",实行董事长负责制,请浙商吴受彤出任董事长。刘航琛极力拉拢吴受彤,曾助吴受彤投机印花烟酒库券获利颇丰。二人间平素就交往密切,吴受彤力主刘航琛当上了银行董事,1937年吴受彤病逝,临终前他托付后事说:"刘航琛是个人才,办法多,各方面走得通,川盐董事长一职,非刘莫属。"之后,刘航琛顺利当选。上任第一天,他口称"我任董事长是萧规曹随",以安定人心,但不久就安排亲信何九渊等人担任要职,随即牢牢控制了川盐银行。

通过控制川康和川盐,参股聚兴诚和美丰,仅十年工夫不到,刘航琛一举奠定其在四川金融界"一哥"的地位。之后又以资本参股方式,控股重庆电力公司、自来水公司、四川水泥厂、四川绢纺厂等民生企业,参股民生公司、中国国货公司、南洋烟草公司等数十家优质企业,投资《商务日报》《新民报》《益世报》等报纸。最多时他担任董事长、总经理、董事的兼职达70多个,他自己说:"除了没有做大粪生意而外,其他的生意大抵都做了。"

刘航琛在大捞特捞财富的同时尚能顾及刘湘的感受,显出圆滑狡诈一面。他曾表白:"我个人为刘氏服务,十数年间,分文不取。每年在外二百余日,即使川资路费,皆系我个人支付。"有一次,他到上海洋行洽购武器得佣金20余万元,一回重庆立即向刘湘如数交账,以求取信任。他曾记录两人间这样的交谈:

> 我因代表刘氏在外活动,而未尝报销活动费用,致使刘氏感到不安。我告诉他:"我的钱有许多应该是你的,因为你信任我,工商

界人士均对我另眼相看，以为非我参加即无新事业兴起。今日工商进步利润甚大，我的收入也甚为丰富。如果你自己经营，这些钱大多也是你的。我既未向你说非常感激，你又何必因未报支费用来向我抱歉呢！"相顾一笑而罢。

十

眼见着刘航琛擅权捞钱的日子越过越滋润，旁人碍于他背后的刘湘大权独揽，即使被动了自己的奶酪，也都忍气吞声地躲开了。但是俗话说得好，天有不测之风云。

1938年1月20日，带川军出川抗战的第七战区司令长官、四川省主席刘湘在留下"敌军一日不退出国境，川军则一日誓不还乡"的遗言后，病逝于湖北汉口。

经过多轮遴选，蒋介石最终选定王缵绪接任四川省政府主席。与王缵绪向来不睦的刘航琛虽预感继续当财政厅长无望，但万万没想到的是，一张布满刀刺的大网正在向他罩来。

正所谓智者千虑，必有一失。刘航琛在刘湘庇护下左右逢源、大捞特捞之时，自然也因利益之明争暗夺得罪过不少人，只是他自认为有分寸有后台，不够在意而已。王缵绪就因为刘插手川盐银行及盐商利益之事，对他恨之入骨。有一次，盐帮举行宴会，宴请各界名流，陈述商艰，呼吁当局减轻盐税负担，刘航琛当即驳回盐帮请求，并以王缵绪曾向盐帮借债不还反作巴蜀学校捐款的事例，说明盐帮日子并不艰辛,让在场的王缵绪十分难堪。本属意川盐董事长之职的王缵绪,又因刘航琛处心积虑运作而失算,对他更为愤恨。

王缵绪任省政府主席不久,就计划"修理"刘航琛。一开始,他收集黑材料向蒋介石举报刘贪污,促使成立由行政院、监察院、财政部合组的"刘航琛清理委员会",计划分割其这些年靠巧取豪夺获得的利益。刘航琛本是财务行家,他并不担心查账,而且还在报纸上刊登声明,一一澄清怀疑,并宣誓若有贪腐愿受严厉惩处。只不过此次劫难不会那么轻易度过。

十一

毋庸置疑,刘航琛天赋异禀、智谋超群。康心如对他的评价是"绝顶聪明",还在跟儿子康国雄聊天时说起一段故事。

那时,刘航琛这样的人到哪里去办事一般要坐轿子,轿夫是三个人(轮流抬轿),在外面等他时,没事干,就一起打四川人爱打的那种"戳牌"玩,有时刘航琛办完事出来了,轿夫牌没有打完,他就叫他们不要慌,继续打,他站在一边观战,等一局牌打完,他马上报出谁赢了多少,谁输了多少,谁该给谁多少钱,一分不差。

像他这样聪明的人,处于顺境时很容易给人以一种居高临下、顺我者昌、逆我者亡的印象。

刘航琛对有利用价值的人物表现得极为大气，比如上海的杜月笙。他知道杜月笙关系广，与军统戴笠关系又铁，于是极尽笼络之能事。最有名的一例是，抗战期间，寓居重庆的杜月笙因手头暂缺现金向刘航琛临时挪借，刘航琛立刻送到一张可填百万票额的亲笔空白支票，说需用多少就填多少，以示信任与尊重。

但对王缵绪这类刘湘曾经的下属，他就公事公办，睚眦必报，毫不留情。他的这种做派在逆境时自然招来横祸。

王缵绪本身就是一阴险狡诈的军阀，对之前刘航琛的做法多有不满，加之又觊觎川盐银行董事长之位，于是下了决心一定要借此上位之机除掉刘航琛。在安排清查刘航琛任厅长期间所有账簿的同时，王缵绪以省府名义要求重庆市将刘航琛逮捕归案，听候审讯，甚至秘密组织暗杀队，要不惜一切代价清除此患。

刘航琛得到讯息，担心暗箭难防，决定暂避一时，只不过这一避竟然花费了一年多的时间。他计划借道云南，先走访好友，然后乘飞机到中国香港和越南避祸，没想到，王缵绪立刻电报追至云南省政府主席龙云处，要求协助截留，后经云南富商缪云台等人多方周旋才得以脱身。刘慌忙逃至香港。

王缵绪抓刘航琛不到，一气之下，将刘航琛安排在川盐银行主持大局的董事会主任秘书何九渊直接杀害在银行大门口，意图明显，就是"杀鸡儆猴"，让刘航琛老老实实在外待着，不要再插手川盐事务。

只不过，王缵绪终归"能量"有限，被老蒋当作棋子用了一阵就失去了利用价值，没过不久，借川军多位高级将领联署抗议的名义，王缵绪遭行政院撤职下台。在香港躲避得磨皮擦痒的刘航琛的命运又峰回路转。

此中细节，坊间也有各种版本。比如，雾满拦江所著《人心至上杜月笙》一书对刘航琛回渝的描述是，行政院长孔祥熙要召见刘航琛，商议川中粮食危机的应对之策，当时王缵绪还在位，刘航琛不敢回，问杜安排爪牙护送。到孔院长官邸后，孔召集两人当面和解。

此次逃亡躲祸之旅给刘航琛的事业按下了暂停键，本应该是他冷静思索、急流勇退的一次良机。若以他的才智，审时度势，从此退出险恶的政商江湖，他悲剧般的人生可能就此转折，可惜的是，他已在财富和权力的诱惑下失去了理智，忘记了北大毕业时那种淡泊处世的初衷。他的结论是，抵挡王缵绪之流的纠缠，必须在刘湘去世后急需找到新的更大的靠山，现在可不比当初，他要经验有经验，要人脉有人脉，要金钱有金钱，只要依附得当，何愁不能再度腾达？！

刘航琛错过了上天给予他改恶从善的最佳机会。从此以后，他将任由自己的贪婪、虚荣与自恋毫无节制地在胸中肆意流淌！

十二

抗战大后方的粮食危机给了刘航琛再次出仕的契机。他也攀附上了新的后台——时任行政院长兼财政部长、中央银行总裁、蒋介石的姐夫孔祥熙。

抗战时期，由于华北大部、长江中下游平原产粮区的沦陷，供应抗战粮食的重担就落在了四川人民的肩上。历史上，康藏两地的粮食来源也大多靠四川，而四川所产粮食有限，抗战前，遇有不敷，则又由湘、鄂两省输入部分粮食予以补充。然而，随着湘、鄂两省大部沦陷，特别是长江重要口岸宜昌落入敌手，外援基本断绝，川省粮食更为紧张。完成每年的征粮任务成为抗战成败的关键所在。

在征粮任务一再无法完成、重庆米价疯涨、前线将士闹粮荒之际，刘航琛黯淡的仕途出现了转机。他刚从香港回重庆不久，经粮食部长、孔派大将徐堪极力向孔祥熙和蒋介石推荐，被任命为粮食部政务次长兼四川粮食储运局局长，主持四川征粮大事。后续结果证明这一决定极为及时，刘航琛到任后一举扭转了粮食供应的危局。

孔祥熙任行政院长直至抗战胜利前夕的1944年，刘航琛也就安心当了几年的副部级粮官，而他更大的精力还是放在自己掌控和投资的各项事业上，财富在进一步快速增加，如他安排将重要码头的购销粮款，交由他经营的川康、川盐两行包揽汇款，要求凑整汇解，且常作迟交及推期处置，既赚汇费又得息金，让两行获利不少。

刘航琛为保不虞，又极力结交了桂系军阀。抗战时桂系大将白崇禧撤退至四川，刘航琛特意将自己的大溪别墅腾出来让给白使用，与之交往极密，由此搭上了桂系这层关系。因重庆是战时首都，各方势力云集会聚，既给当地带来商机，也为建立人脉关系创造便利。刘航琛经历前次劫难，自然精心搭建关系网，脚踏多只船。

十三

从1926年30岁以布衣之身进入重庆官场开始，短短的二十余年里，除了王缵绪这一劫外，刘航琛的事业总体还是顺利的，面子里子都有了，按已有财富而论，算得上是国内的一流富豪。重庆工商界曾有形象比喻：杨粲三稳扎稳打，看准了才下注，比之为"石匠"，康心如到处抹平，表面光生，比之为"泥水匠"，刘航琛四处搭架子，打楔子，拉到扯到，人们比之为"木匠"。而又以"三二九五"作为这几位重庆金融界大亨的代称，因刘航琛、康心如、潘昌猷三人均行二，而杨粲三、杨季谦兄弟分别行五和行九，故有此简称。

由于自负心理和权欲作祟，刘航琛逐渐变得唯我独尊、飞扬跋扈。宁芷邨本与刘航琛是多年好友，川康平民商业银行合并成立后，宁芷邨被推为总经理，说明两人关系很铁，但刘航琛钟情于董事长负责制，经常不事先与宁会商，就动用川康银行资金，最后发展到随意出具白条来提取赌博用款，宁芷邨抗拒不办，刘航琛不思己过，竟然发文取消银行总经理的副署权，造成二人反目，宁芷邨辞职退出川康银行。

因有枪杆子和权力在手，刘航琛也并不忌惮显富，过着十分奢侈的生活。他在多处购置住所精心装饰，最为气派的是大溪别墅刘公馆。此公馆占地1200平方米，是一座极其豪华富丽的别墅，为展现其在山城的地位，刘航琛不惜耗费数百两黄金进行内外装修，专为年迈老母设计的盘旋红漆木缓坡旋梯，为达官贵人来访而修建的马蹄形岗石车道，专门为接待各阶层来访而精心粉饰的会客厅……

由于嗜赌，他组织山城第一豪赌牌局，杜月笙、康心如、范绍增、顾嘉棠等好赌之人常年聚赌，一场牌下来输赢动辄数十万，那时一名大学教授的月薪也仅数百元，可想见他们的牌局是何等奢侈。

刘航琛年轻时娶妻李世芹，育有5个孩子。但发迹后贪恋女色，夜不归宿，吃饭喝酒均带女人相伴，所有下属均知他有此等嗜好，也乐于安排。1934年，他在汉口看上了名妓陈二，替她赎身，在外置房同居，又生育一女二儿。1939年5月，年仅18岁的长子刘晚成在复旦大学读书时遇日军飞机轰炸身亡，在悲愤之余，刘航琛本应经此变故后适当收敛，但可惜他那时已习惯于放浪形骸，迷途难返了。

十四

抗战胜利后，因戴笠离世而受老蒋冷落的杜月笙和已引咎辞职的孔祥熙都靠不住了，刘航琛又开始布局另一盘大棋。相信自己赌运亨通的他，又押下了两个大注：一赌国民党击败共产党；二赌桂系李宗仁接替蒋介石执政。他把自己的身家都押在这两项赌注上。

抗战期中，重庆是经营重心；抗战胜利，上海是经营的前线，重庆是后方。将来纽约是经营的前线，上海是后方。

刘航琛以为成就更大事业的机会来了。他将川康总管理处迁到上海，并拉上杜月笙创办利济轮船公司，进军航运事业，第一步就花掉60万美金，收购"利济""利华"两艘海轮，后又花巨资订制两艘新船，分别命名"利镛"（杜月笙名镛）、"利航"。因内战不息，航运萎缩，亏损极其严重，甚至拖累川康和川盐两行。

通过分析，他清楚依附蒋介石已无可能，要在仕途之路走下去，并以此借助达到权钱互动，谋取更大财富的目的，只能另辟蹊径。在抗战期间，刘航琛通过白崇禧曾与李宗仁作过多次深谈。他看准了以李宗仁为代表、势力仅次于蒋介石的"桂系"。1948年春，刘航琛竭力助选李宗仁参选国民政府副总统。当时，他在南京中央饭店长期包租几个房间，招待国大代表及相关人员，每天中午、晚上在南京蜀中饭店大摆酒席，凡来赴宴均予接待，直至4月李宗仁当选为止。这笔活动经费，后由刘航琛拿到川康银行南京分行报销了事。

1949年1月，因战事失利和货币风潮，蒋介石被迫"引退"，李宗仁荣任代理总统。不久，刘航琛如愿以偿，当上了国民政府经济部部长。只是众叛亲离的国民党政权已到了总崩溃的边缘。

十五

1949年10月，随着人民解放军的不断推进，退居广州的国民政府机关已无法安身，刘航琛以处理经济部资源委员会在港公务为由，到了香港，次年1月退居台湾，随后被重新掌权的蒋介石撤职。满打满算过了8个月的部长瘾。在此政权更迭之际，刘航琛一手培植的川康、川盐二大银行，以及参与投资的诸多事业均告关门停业或破产，他苦心孤诣地追求扩大业务，发展海外，缔造商业帝国的梦想成为空谈。

在台湾，还有更悲惨的命运在等待他。

本就对刘航琛傲慢自负、附庸桂系之德行甚为厌恶的蒋介石，授意行政院长阎锡山以涉嫌过早弃职逃港、经济部事务交代不清等事由，将其以"叛国贪污"罪名逮捕追究。后虽经胡光麃等人凑钱保释，但刘航琛陷入了无休止的摆脱各项罪名的诉讼中。

因无钱请辩护律师，刘航琛只得自行辩护，经过两年多的多轮庭审，最终以刘航琛无罪结案，可他因此错过了到香港处置变现个人仅有的一些财产的机会，他已一贫如洗。昔日在大陆结交的朋友，见他如此境地，大多避而不见，装聋作哑，有的甚至趁机赖账、落井下石。撤出大陆时，因陈二离世，新交往的女友——上海交际花余雪莉也带着幼儿离他而去。与老母亲和终身未嫁的大姐一起生活的刘航琛不禁长叹：钱嘛，以前咳嗽一声就有人送来了，现在血都咳出来了，都没人理啊！

十六

不管生活多艰苦，刘航琛对其母亲仍非常孝顺，对其终身未嫁的老姐刘茂先也非常尊重，一直把她们奉养在身边。1957年，刘航琛无力单租住房，就带着母亲和姐姐搬至台北漳州街9巷的平房与女儿敬容一家合住，8口人住一套房，显得十分拥挤，晚上他就在客厅里搭张临时床睡觉。母亲1962年去世，他按照天主教习俗安葬了老人。

晚年的刘航琛着手写回忆录《戎幕半生》，细致入微地回忆从幼年到刘湘去世的那段岁月，他的记忆力极佳，许多片段绘声绘色，十分动人。台北中研院近代史研究所于20世纪60年代初专门采访过他，为其建立口述史档案。在采访过程中，他的滔滔畅谈与家徒四壁、寒冬里仅靠煤油炉取暖的情景形成强烈反差，让人动容。

不过，在所有口述史料里，刘航琛并无一处提及自己的陋习劣行，也毫无一丝投机钻营失算后的反思之意，他更多的是沉醉于自身雄才大略和超凡智慧的回味咀嚼与渲染润饰中。这或许就是他一生的悲剧之源。

1949年间，刘航琛将两个不满二十的儿子刘垂璠和刘垂珣送至美国读书，之后因命运受困无力再支付任何费用。二个年轻人边打工边学习，通过勤工俭学完成学业，成为化学博士。1970年，已在亚利桑那州立大学担任教授的刘垂珣应邀赴台讲学，见到了阔别二十年的父亲。刘航琛在迟暮之年见到自己的骨肉，不禁老泪纵横，噙着泪花笑言："我现在可以心满意足地去见你们的母亲了！"

1975年9月29日，刘航琛因患肺癌病逝于台北中华开放医院。享年80岁。按他的遗嘱，安放在台北天主教公墓里的墓碑朝着家乡泸州的方向。

弥留之际，是否有那么一刻，刘航琛又想起父亲临终前的那些叮咛：

什么事情你都可以做，就是不要做官⋯⋯

也不知在黄泉路上与祖父、父亲相逢时，刘航琛作何解释？

参考书目：

★沈云龙、张朋园、刘凤翰：《刘航琛先生访问纪录》，九州出版社2012年版。

★赵云声主编：《中国大资本家传》，时代文艺出版社1998年版。

★民建重庆市委、重庆市工商联编：《重庆工商人物志》，重庆出版社1984年版。

★民建重庆市委、重庆市工商联编：《重庆5家著名银行》，西南师范大学出版社1989年版。

后记

写完这七位民国时重庆商人的故事,把成堆的资料和手稿装箱,眼前浮现的是七个有血有肉、生龙活虎的身影。虽然过去了数十年,我却发现他们一点也不陌生。

约翰·亚当斯反复提醒:真相是一块顽固的石头,随我们怎样期望,怎样情不自禁,也改变不了事实和证据。当我从大量的文史资料、研究档案及回忆录里,从灰暗的书堆里花费两年多时间翻阅比对,并设身处地地追寻他们的心路和足迹时,我自以为找到了他们一生中最重要的一些事实。历史绝非一头乱窜的莽牛,它应是一列虽要途经众多歧路但目标明确的火车。史实不管如何纷乱复杂,而人性终归有规律可察。我想,总会有出版者明晰在本书的背后,笔者试图竭力表达的深意。

在此,不管书的命运如何,我应该奉上我最诚挚的感谢。

首先,感谢众多的研究学者们,正是他们坚持不懈的研究成果,帮助我完成此书。我无法在每一个章节表达对他们的敬意,因为每个主角的书写完成都包含了太多研究者的心血。同时感谢始终怀念先人的这几位渝商的后代们,他们的永恒思念和回忆文稿是我取之不竭的创作源泉。自己本非专业人士，只能根据公开发表的资料，结合自身数十年经商履历和感悟来解读这几位前辈，在表达感激之余，自然也对因原始资料困乏可能造成的纰漏心存忐忑。

其次，感谢机缘。因近三年疫情，我曾从事三十余年的商业生涯归于停滞，在繁杂的善后事务处理的空隙，我得遇开始整理前半生的读书笔记，找寻到以写作方式走完后半生的归途，这是不幸中的大幸，应该感恩于这个机缘让我迷途知返，让我拯救余生。

再次，最该感谢的是这七位人物，他们虽然远去，但他们身上的许多特征与气质，似乎已很难在现实中看到或感受到。他们所处的时代是如此紊乱，如此困顿，但他们每个人的生命轨迹仍然让我回味时彻夜难眠、思绪激荡，这种感染力的共性，我无法准确完整表达，只能留给所有关注此书的达人贤者共同鉴赏品读了。

最后，还是俗套，借用名人的话来结尾吧。

张宏杰曾在《通俗史学的启蒙作用》一文里说：大部分读者不仅需要"史实"，更需要"史识"，或者说"思想含量"。……永远不要低估大众的需求品位，特别是不要低估这种需求的意义。历史是记忆，更是反思，一个不会反思、没有记忆的民族是没有任何希望的。

美国历史学家林·亨特在其著作《历史学为什么重要》的结语中引用了2000多年前的罗马政治家西塞罗的一段话：

不了解自己出生之前的历史，你就永远是个孩子。因为人之为人的价值，就存在于经由历史编织进我们祖先的生命之中。

2024年10月